Hans Jellouschek (Hg.)

Von der Liebe ergriffen

Paare und Spiritualität

Hans Jellouschek (Hg.)

Von der Liebe ergriffen

Paare und Spiritualität

Präsenz

Bibliografische Information der Deutschen Bibliothek

Die Deutsche Bibliothek verzeichnet diese Publikation in der
Deutschen Nationalbibliografie; detaillierte bibliografische Daten
sind im Internet über http://dnb.ddb.de abrufbar.

© 2011 Präsenz Kunst & Buch
Gnadenthal, 65597 Hünfelden

Alle Rechte vorbehalten

Umschlaggestaltung: Schupmann + Partner, Mainz
Druck: CPI books GmbH, Ulm

ISBN: 978-3-87630-206-5

www.praesenz-verlag.de

Inhalt

Vorwort

Die Menschen heute, auch diejenigen, die sich in den Kirchen noch durchaus beheimatet fühlen, suchen immer mehr nach „religiöser Erfahrung". Auch sie können immer weniger mit „Lehrsätzen" anfangen, wie sie im Katechismus stehen oder in der Verkündigung verwendet werden. Sie möchten viel mehr etwas von dem, von dem da die Rede ist, auch spürbar „erfahren". Das kommt daher, dass die Verbindlichkeit vorgegebener Strukturen immer mehr zurückgeht und dafür das Individuelle, Subjektive des Einzelnen eine immer größere Bedeutung bekommt. Das können wir zum Beispiel auch daran beobachten – und damit sind wir bereits bei der „einen Hälfte" unseres Buch-Titels, bei der Paarbeziehung –, dass Paare immer seltener beisammenbleiben, weil sie bei der Eheschließung mit dem Segen des Pfarrers versprochen haben, zusammenzubleiben „bis der Tod sie scheidet". Vielmehr bleiben sie zusammen, wenn und weil es ihnen gelingt, immer wieder Befriedigung im Zusammenleben zu finden, also aufgrund ihrer subjektiven Erfahrung, und immer weniger aufgrund von vorgegebenen kirchlichen oder staatlichen „Gesetzen", die Paare früher zusammengehalten haben, ganz gleich, wie sie sich in der Beziehung „gefühlt" haben. So ist es auch im religiösen Bereich: Man glaubt immer weniger, weil man der Kirche angehört und darum auch ihre Lehrsätze annimmt, sondern weil man diesen Glauben im eigenen Leben als „sinnvoll" und einem eigenen Bedürfnis entsprechend erlebt. Was wir zudem heutzutage feststellen: Auch viele Menschen, die mit Kirche und Religion eigentlich gar nichts mehr „am Hut haben", suchen wieder neu nach dem „ganz Anderen", nach dem transzendenten Bereich, aber eben auch nicht, indem sie sich wieder oder erstmals den Kirchen anschließen, sondern indem sie nach „religiöser Erfahrung" suchen.

Beide Beobachtungen haben uns zur Herausgabe dieses Buches veranlasst. Hier zeigen die unterschiedlichsten Autoren auf, wie gerade die Erfahrung in der Partnerliebe etwas zu tun hat mit diesem transzendenten Bereich, ob er nun personal (Gott als transzendente Person) oder a-personal (das „Ganz-Andere") verstanden wird: Paarbeziehung und spirituelle Erfahrung, darum geht es in allen Beiträgen, aus den verschiedensten Blickwinkeln. Dabei ist auch die grundsätzliche Frage-Richtung verschieden: Meine Beiträge sowie jene von Ley, Riedel, Seifert, Cöllen und Leibig setzen bei der Erfahrung der Partnerliebe an und zeigen auf, wie diese uns den spirituellen Bereich öffnen kann. Die Beiträge von v. Collande und Weber, die beide Meditationslehrer sind, blicken dagegen von den spirituellen Erfahrungen von Menschen, die sich entschlossen haben, einen „spirituellen Weg" mit häufiger ausdrücklicher Meditations-Praxis zu gehen, auf die Realität einer heute gelebten Paarbeziehung. Spirituelle Praxis war nämlich bisher, sowohl im Westen wie im Osten, eine Mönchs-Praxis in Klöstern. Der „gewöhnliche Alltag" in einer konkret gelebten Paarbeziehung spielte dabei kaum eine Rolle. Heute lebt immer häufiger auch in dieser Lebensform im Alltag die Sehnsucht nach dem „ganz Anderen" auf – und vor diesem Hintergrund vor allem sind die folgenden Beiträge zu verstehen.

Ich bedanke mich bei all denen, die diese Beiträge verfasst haben, und ich bedanke mich bei Frau Mathilde Fischer, der Leiterin des Präsenz-Verlages, für ihren unermüdlichen Einsatz für die nicht immer ganz einfache Lektoratsarbeit. Ich wünsche mir, dass viele Menschen im Alltag ihrer Paar-Beziehung durch dieses Buch konkrete Anregungen erhalten.

Ammerbuch-Entringen, im März 2011
Hans Jellouschek

Erotische Erfahrung und Spiritualität

Hans Jellouschek

Überbewertung der Partnerliebe?

In einer Untersuchung aus dem Jahr 1990 kommen die Autoren zu dem Ergebnis: „Die jungen Frauen und Männer erklären beide die Partnerschaft zur höchsten Lebensorientierung"[1], und in der Auswertung der Umfrage eines renommierten Hamburger Instituts aus dem Jahr 2002 wird festgestellt, „dass der Wunsch nach dauerhaften, ja lebenslangen Beziehungen nach wie vor sehr stark ist. Von den 30-Jährigen, die gegenwärtig in einer festen Beziehung leben, wünschen sich 83 Prozent ausdrücklich, mit ihrem Partner bzw. ihrer Partnerin, ein Leben lang zusammenzubleiben' "[2].
Diese Aussagen mögen für viele überraschend sein, da sie angesichts der hohen und kontinuierlich steigenden Scheidungszahlen den Eindruck haben, Paarbeziehung, Ehe und Verbindlichkeit würden heutzutage von immer mehr Menschen nicht mehr sehr ernst genommen. Von Oberflächlichkeit, ja Beziehungsunfähigkeit ist die Rede. Doch das Gegenteil scheint der Fall zu sein: „Es erscheint paradox, aber es ist so: Die Instabilität heutiger Beziehungen ist nicht, wie manche Moralisten oder auch Psychotherapeuten klagen, eine Folge von Bindungslosigkeit oder Bindungsunfähigkeit; sie ist vielmehr die

Konsequenz *des hohen Stellenwerts*, der Beziehungen für das persönliche Glück beigemessen wird, und *der hohen Ansprüche an ihre Qualität*".³ (Hervorhebungen des Autors)

Die hohen Ansprüche an die Qualität der Liebesbeziehung von Mann und Frau: Damit haben Paartherapeuten und verheiratete Partner fast jeden Tag zu tun. Und meist kulminieren diese Ansprüche im Bereich der eigentlichen Erotik und Sexualität. Die hier anfangs erlebte Intensität wird den Partnern oder einem von ihnen oft zur Glücksverheißung für das ganze weitere Leben zu zweit und führt zur unausgesprochenen, oft auch nicht voll bewussten Hoffnung, dass diese Intensität immer so bleiben werde. Häufig liegt hier auch eine Ursache, dass Paare auf Kinder verzichten: nicht nur, weil sie die zusätzliche finanzielle Belastung vermeiden wollen, sondern auch deshalb, weil man durch die Kinder eine Störung der innigen Zweisamkeit befürchtet. Allerdings stellt sich heraus, dass auch bei kinderlosen Paaren der Alltag bald seinen Tribut fordert. Alltagsbedingte Unachtsamkeiten, Reibereien aufgrund unterschiedlicher beruflicher Situation und der Art eines jeden, mit den täglichen Aufgaben umzugehen, unvorhersehbare kritische Lebensereignisse, welche die Bewältigungsstrategien der Partner überfordern, lassen die Innigkeit und Leidenschaft des Anfangs schwinden. Das Ideal der intimen, erotisch leidenschaftlichen und rundum erfüllenden Partnerbeziehung wird aber dennoch aufrechterhalten. Diese Diskrepanz ist es, die den Bestand von Beziehungen immer häufiger gefährdet und für viele der Grund ist, sich – zu früh – zu trennen. Wie ist diese leidvolle Diskrepanz zwischen Ideal und Wirklichkeit genauer zu verstehen? Und was kann ein spirituelles Verständnis der Partnerliebe oder ein gemeinsamer spiritueller Weg des Paares dazu beitragen, dass beide Partner wieder näher zusammenkommen? Diese Leitfragen werden uns im Folgenden beschäftigen.

Die religiöse Sehnsucht in der Liebesbeziehung

Die Idealisierung der Partnerliebe scheint in eine religiöse Dimension hineinzureichen. „Gott nicht, Priester nicht, Klasse nicht, Nachbar nicht, dann wenigstens du."[4] Mit dieser pointierten Formulierung charakterisiert der Soziologe Ulrich Beck die Dynamik, die hier am Werke ist. Er fasst damit seine Ausführungen über die „Freisetzung des Individuums aus vorgegebenen kollektiven Normen" zusammen, die sich in den letzten Jahrzehnten in unserem Kulturkreis vollzogen hat. Die kollektiven religiösen Vorstellungen und Rituale haben ihre bindende und sinnstiftende Kraft verloren, ihre Repräsentanten, die Priester, aber auch die gesellschaftlichen und familiären „Oberhäupter" sind des religiösen Glanzes beraubt, mit dem man sie in früheren Jahrhunderten umgab.

Der Mensch fällt aus immer mehr gesellschaftlichen Bindungen heraus, und seine Sehnsucht nach letztem Sinn, nach Geborgenheit einerseits und Entgrenzung andererseits findet keinen vorgegebenen Rahmen mehr. Sie richtet sich deshalb immer ausschließlicher auf das „Du" des geliebten Partners, mit dem – vor allem im sexuellen Vollzug – gleichzeitig Geborgenheit und Entgrenzung, tiefste Bejahung und Sinnerfüllung gesucht und erlebt wird.[5] Die Erwartung an die Beziehung wird quasi-religiös überfrachtet und der Partner damit heillos überfordert. Was kann hier heilend sein?

Zunächst ist von einem spirituellen Standpunkt aus zu sagen: Die Liebesbeziehung, das Liebeserlebnis, die erotisch sexuelle Ekstase kann tatsächlich als eine religiöse Erfahrung gesehen werden. Unnachahmlich prägnant hat dies Rainer Maria Rilke in seinem *Liebeslied* formuliert[6]:

> *Doch alles, was uns anrührt, dich und mich,*
> *nimmt uns zusammen wir ein Bogenstrich,*

11

der aus zwei Saiten eine Stimme zieht.
Auf welches Instrument sind wir gespannt?
Und welcher Spieler hat uns in der Hand?
O süßes Lied!

In der liebenden Hingabe aneinander, am stärksten wieder in der erotisch-sexuellen, erfahren Menschen körperlich *und* seelisch, also ganzheitlich, wie die engen Grenzen unseres Ichs aufbrechen und die Vereinigung mit einem „Du" jenseits dieser Ich-Grenzen möglich wird.[7] Dies nennt der Philosoph Walter Schubart in seinem immer noch höchst lesenswerten Werk *Religion und Eros*[8] „eine kosmische Versöhnung im kleinen", denn „zuletzt treibt die Geschlechterliebe den Menschen der Gottheit in die Arme und löscht den Trennungsstrich aus zwischen Ich und Du, Ich und Welt, Welt und Gottheit". Darum betont Schubart: Auch „in der Erlösungsreligion ist sie (die sexuelle Umarmung) heilig, weil in ihr eine überpersönliche Einheit fühlbar wird, die zu der größeren, allumfassenden Einheit hinleitete, die wir Gott nennen".

Wenn Schubart hier sagt: „auch in den Erlösungsreligionen", zu denen ja auch das Christentum zu zählen ist, hat er dies allerdings sehr optimistisch formuliert. Denn diese religiöse Dimension des Liebeserlebnisses wird in den real existierenden christlichen Religionsgemeinschaften kaum ausdrücklich gemacht. Wir müssen da schon geografisch weiter in den fernen Osten gehen; zum Beispiel finden wir im tantrischen Buddhismus des alten Tibet Darstellungen, die aus der Sicht unserer christlich geprägten Kultur auf manchen fast skandalös wirken könnten:

In der Abbildung werden ein männlicher und ein weiblicher Bodhisattva („Erleuchtete/r") im sexuellen Akt miteinander gezeigt, die darin gerade eine spirituelle Gipfelerfahrung machen. Die jüdisch-christliche Tradition ist in diesem Punkt viel zu-

rückhaltender. Immerhin finden wir im Alten Testament im Buch Prediger (9,9) den Ratschlag: „Mit einer Frau, die du liebst, genieße das Leben alle Tage deines Lebens, die er dir unter der Sonne geschenkt hat, denn das ist dein Anteil am Leben und an dem Besitz, für den du dich unter der Sonne anstrengst". Und noch viel direkter formuliert über weite Passagen das Hohelied Salomos, zum Beispiel mit den schwärmerischen Worten eines Liebhabers: „Wende dich, wende dich, Schulamit! Wende dich, wende dich, damit wir dich betrachten! Wie schön sind deine Schritte in den Sandalen, du Edelgeborene! Deiner Hüften Rund ist wie Geschmeide, gefertigt von Künstlerhand. Dein Schoß ist ein rundes Becken, Würzwein mangle ihm nicht! Dein Leib ist ein Weizenhügel, mit Lilien umstellt. Deine Brüste sind wie zwei Kitzlein, wie Zwillinge einer Gazelle. Wie schön bist du und wie reizend, du

Liebe voller Wonnen! Wie eine Palme ist dein Wuchs, deine Brüste sind wie Trauben. Ich sage: Ersteigen will ich die Palme; ich greife nach den Rispen. Trauben am Weinstock seien mir deine Brüste, Apfelduft sei der Duft deines Atems, dein Mund köstlicher Wein, der glatt in mich eingeht, der Lippen und Zähne mir netzt." Und das besungene Mädchen antwortet keineswegs zurückhaltender: „Ich gehöre meinem Liebsten, und ihn verlangt nach mir. Komm, mein Geliebter, wandern wir auf das Land, schlafen wir in den Dörfern. Früh wollen wir dann zu den Weinbergen gehen und sehen, ob der Weinstock schon treibt, ob die Rebenblüte sich öffnet, ob die Granatbäume blühen. Dann schenke ich dir meine Liebe!"[9].

Ganze Generationen von christlichen Exegeten und theologischen Gelehrten haben sich abgeplagt, dieser unverhohlenen, auch sexuellen Metaphorik einen „geistigeren" Sinn abzugewinnen – aber so steht es da, und da es in den Kanon unserer Heiligen Schrift aufgenommen wurde, muss es ja wohl auf eine durch und durch positive Grundströmung der Menschheitsgeschichte hinweisen.

Auch im Neuen Testament sind Texte zu entdecken, die diese Tradition aufgreifen. Da ist im Epheserbrief zu lesen: „Ihr Männer, liebt eure Frauen, wie Christus die Kirche geliebt und sich sich für sie hingegeben hat ... Wer seine Frau liebt, liebt sich selbst. Denn wir sind Glieder seines Leibes ... Darum wird der Mann Vater und Mutter verlassen und sich an seine Frau binden und die zwei werden ein Fleisch sein!"[10]. Hier wird also im letzten Satz die körperliche Vereinigung von Mann und Frau direkt mit dem Erlösungswerk Jesu Christi in Verbindung gebracht, und mit diesem Text wurde in der Katholischen Kirche die Sakramentalität der Ehe begründet: Im Geschlechtsakt vermitteln sich Mann und Frau Gottes Erlösungsgnade. Diese Direktheit hat man allerdings im Konzil von Trient (1545–1563) aufgegeben, und die geistige Zustimmung, den

„Konsens" zur Ehegemeinschaft als für die Heiligkeit und damit Unauflöslichkeit der Ehe als entscheidend definiert.

Auch ein anderer sexual-freundlicher Text des Neuen Testaments ist in der christlichen Tradtion ziemlich untergegangen. Im letzten Buch, der Offenbarung des Johannes, heißt es am Schluss: „Ich sah die heilige Stadt, das neue Jerusalem, von Gott her aus dem Himmel herabkommen. Sie war bereit wie eine Braut, die sich für ihren Mann geschmückt hat"[11] – wofür bereit? Natürlich für die sexuelle Vereinigung mit ihrem Bräutigam in der Hochzeitsnacht. Diese wird also auch hier sehr direkt als Symbol für die endgültige Versöhnung und Vereinigung von Gottheit und Menschheit verwendet.

In die – jedenfalls „offizielle" – christlich-religiöse Praxis sind solche Vorstellungen in unserer Tradition allerdings nicht eingegangen. Kirche und kirchliches Handeln wurden und werden in Hinsicht auf Partnerliebe und vor allem im Hinblick auf Erotik und Sexualität von den Menschen, wenn überhaupt noch, vor allem als regulierend, verbietend, einengend und warnend wahrgenommen, und die Personen, die dem „Heiligtum" besonders nahe sind, die Priester in der Katholischen Kirche, müssen noch immer auf Sexualität verzichten. Freilich wird diese Einengung heutzutage immer weniger spürbar, denn in wachsender Zahl nehmen die Menschen Kirche und Religion in Liebesdingen nicht mehr ernst; der geschilderte hohe Stellenwert, der heutzutage der Sexualität und der Erotik beigemessen wird, verträgt sich damit nicht, sondern steht in krassem Gegensatz dazu.

In der Überlieferung des Christentums wird die Sexualität schon sehr lange näher bei der Sünde als bei der Erlösung gesehen. Das hat vor allem in beiden Konfessionen mit dem Kirchenlehrer Aurelius Augustinus (354–430) und der auf ihn zurückgehenden Lehre zu tun, nach der die so genannte Erb-Sünde deshalb „vererbt ist", weil sie durch den sexuellen

Akt der Eltern jeweils in die nächste Generation weitergegeben wird. Dadurch sind auch da, wo alles mit rechten Dingen zugeht und die Sexualität als solche also keine Sünde ist, „Sexualität" und „Sünde" ganz eng miteinander verknüpft. Dass Augustinus zu dieser Auffassung kam, hat zweifellos mit seiner geistigen Herkunft aus dem Manichäismus und dessen leib- und sexualfeindlicher Weltsicht zu tun und ist auch aus seinen speziellen persönlichen Problemen mit der Sexualität zu verstehen. Dadurch hat er aber die christliche Tradition in allen Konfessionen entscheidend beeinflusst, und antisexuelle und antierotische Ressentiments haben sich eingeschlichen, unter denen viele Generationen in der Vergangenheit gelitten haben und die auch heute noch wirksam sind. Die Menschen heute befreien sich immer mehr davon. Sie distanzieren sich aber nicht zuletzt dadurch auch insgesamt von ihrer religiösen Herkunft. Das ermöglicht einen unbefangeneren Umgang mit Liebesdingen, führt aber auch dazu, diese ihrerseits mit quasireligiösen Erwartungen zu überfrachten: „Gott nicht, Priester nicht, … dann wenigstens du!"

Spirituelle Dimensionen der erotischen Erfahrung

Ein *erster Aspekt* heilenden Einflusses von Spiritualität auf die Paarbeziehung könnte die Einsicht und die daraus ermöglichte Einübung und Erfahrung sein, dass Erotik, körperliche Liebe, sexueller Akt einerseits und Religion, Glaube, religiöser Vollzug andererseits keine getrennten Welten sein müssen. Im Gegenteil: Die körperlich-geistig-seelische erotische Begegnung kann *eine* Form spiritueller Erfahrung sein. Wenn uns das sexuelle Begehren zueinander „treibt", begeben wir uns auf den Weg aus der Selbstgenügsamkeit heraus auf den anderen zu. Wir öffnen uns nicht nur mit Geist und Seele, sondern mit allen unseren Sinnen auf das Du hin. Wir begeben uns so in die Bewegung der Hingabe hinein, und um Hingabe unseres kleinen Ichs an das größere Du geht es ja auch in Glaube und Frömmigkeit. Wenn zwei Liebende, von Leidenschaft erfasst, ihre Selbstkontrolle durch Wille und Verstand fahren lassen und sich im Rausch der Sinne vereinigen, dann erleben sie zuweilen, dass sie in dieser Ekstase über sich selbst hinausgetragen und Teil eines größeren Ganzen werden. Ganz so beschreiben uns aber die großen Mystiker und vor allem die Mystikerinnen der christlichen Religion die Vereinigungserfahrungen mit Gott.

Menschen, denen bei ihrer Suche nach Glück und Erfüllung erotisch-sexuelle Erfahrungen zuteil geworden sind und die davon fasziniert sind, stehen also nicht im Gegensatz zu Spiritualität und Religion. Sie brauchen sich nicht davon zu distanzieren oder sich im Sinn eines „Entweder-oder" zu entscheiden. Sie sind auf einem Weg, der unmittelbar mit Religion und religiöser Erfahrung zu tun hat, ganz so, wie es auch die oben zitierten Texte aus dem Alten und dem Neuen Testament nahe legen.

Dies wird auch noch in einem *zweiten Aspekt* deutlich: Die Vereinigung von Mann und Frau im sexuellen Akt kann auch als Vereinigung des männlichen und weiblichen Prinzips gesehen werden, als Vereinigung der Polaritäten von „Yin" und „Yang" zu einer größeren Ganzheit. „Yin", das „weibliche Prinzip", und „Yang", das „männliche Prinzip", werden im Taoismus, aus dem diese Unterscheidung stammt, zwar nicht als nur „der Frau" oder nur „dem Mann zugehörig" gesehen, sondern als zwei Grundprinzipien des gesamten Lebens, des „Seins schlechthin". Aber im konkreten Mann ist in der Regel „Yang" und in der konkreten Frau „Yin" stärker ausgeprägt. C. G. Jung hat diese uralte Unterscheidung auch in diesem Sinne in seiner Auffassung von der „weiblichen" und der „männlichen Seele" wieder aufgegriffen. Darin scheint nach diesen Auffassungen also etwas auf von der umfassenderen Ganzheit, von der Vereinigung und Überwindung der Gegensätze, von der „Coincidentia oppositorum", in der der Mystiker Nikolaus von Kues (1401–1464) schon einen Wesenszug des Göttlichen sah. Mann und Frau repräsentieren in der sexuellen Vereinung somit sehr konkret diesen Wesenszug Gottes.

Noch ein *dritter Aspekt* sexueller Erfahrung verweist auf Glaubenserfahrung und Spiritualität: Wenn Frau und Mann sich sexuell vereinigen, bewegt sie das zuweilen auch deshalb so tief, weil sie sich darin in ihrem Innersten und Eigensten gemeint und angenommen fühlen: in ihrem Geschlecht. Der Mann fühlt sich durch die Leidenschaft der Frau zutiefst in seiner Männlichkeit wahrgenommen und bestätigt, und die Frau fühlt sich durch die Leidenschaft des Mannes zutiefst in ihrer Weiblichkeit wahrgenommen und bestätigt. Gerade das ist ja das eigentlich Beglückende einer ganzheitlichen sexuellen Begegnung, diese wechselseitige Bestätigung ohne Wenn und Aber. Hier sind wir nun wieder bei einer auch spirituell zu interpretierenden Erfahrung: Ganz gleich, zu was du es sonst gebracht oder nicht gebracht haben magst, ganz gleich, welche Titel oder Reichtümer du vorzuweisen oder nicht vorzuweisen hast – in dem, was du zuinnerst bist, bist du geliebt und angenommen! So wird in unserer Tradition immer wieder die Erfahrung der „göttlichen Gnade" beschrieben, und diese Erfahrung vermitteln Frau und Mann einander ganz sinnenhaft konkret im sexuellen Akt.

Auf solche Zusammenhänge aufmerksam gemacht zu werden kann eine wahrhaft „erlösende" Wirkung haben. Denn hier werden bei vielen Menschen zwei voneinander abgespaltene Lebensbereiche miteinander in Verbindung gebracht und wird somit eine wichtige seelische Integrationsarbeit geleistet. Für mich selbst war in dieser Hinsicht das bereits erwähnte Buch *Religion und Eros* des Philosophen Walter Schubart

(1989) von großer Bedeutung. Vor vielen Jahren, wohl noch vor dem Zweiten Weltkrieg, geschrieben (die Veröffentlichung folgte erst viel später aus dem Nachlass), erscheint es mir auch und gerade heute von höchster Aktualität. Auch wenn man Schubarts Darstellung der fernöstlichen Religionen, vor allem des Buddhismus, in diesem Buch aus heutiger Sicht nicht mehr zustimmen kann, seine erotikfreundliche Interpretation der christlichen Botschaft ist überzeugend und kann auch heute noch einen heilsam integrierenden Einfluss auf die eigene Einstellung zu Glaube und Erotik ausüben.

Erotik und Sexualität als Vision und Voraus-Erfahrung

Aber unterstützen solche Sichtweisen nicht gerade die vorher beklagte „religiöse Überhöhung" von Partnerliebe, Erotik und Sexualität? Auf den ersten Blick mag es so aussehen, aber das Gegenteil ist der Fall – und damit komme ich zur zweiten Hauptaussage meiner Ausführungen. Gerade wenn die erotische Erfahrung aus ihrer Abspaltung vom Religiösen befreit und in eine spirituelle Perspektive mit hineingenommen wird, kann sie damit auf einen realistischen Boden kommen. Denn auch viele andere menschliche Vollzüge können in spiritueller Sicht auf das umgreifend Göttliche hin transparent werden, so auch der sexuelle Vollzug. „Transparent werden" heißt ja nicht, dass das Göttliche darin schon zum „Besitz" würde. Die „Unio mystica", die „Coincidentia oppositorum", das „unbedingte Ja" – dies alles kann darin aufleuchten, geahnt werden, aber es kann darin noch nicht zum Dauerzustand werden. Denn wie alle Erfahrungen gehen auch diese wieder vorüber. Aber dass sie da waren, das gibt uns einen Vor-Geschmack dessen, wofür wir bestimmt sind. Wir können uns darin nicht niederlassen, aber wir können uns durch sie auf den Weg schicken lassen. Die endgültige Versöhnung leuchtet auf, ist aber noch nicht erreicht.

Damit geschieht etwas Wesentliches: Die Überhöhung der Erfahrung – und damit die Überforderung – hört auf. Die Liebesbeziehung und der Partner werden damit entlastet. Was wir erleben, ist schön und wichtig, vielleicht sogar „umwerfend", auch in spiritueller Hinsicht. Aber es ist nur *eine* Station auf dem Weg, ein Aufleuchten, ein Vor-Schein, noch nicht die Wirklichkeit selbst. Dadurch werden wir, wie Rüdiger Safransky in einem Rundfunkvortrag unlängst so treffend formulierte, „davon entlastet, füreinander alles sein zu müssen. Wir können damit aufhören, unseren Mangel an Sein aufeinander abzuwälzen und uns wechselseitig dafür haftbar zu machen, wenn wir uns fremd in der Welt fühlen".

Die Wiederentdeckung der Spiritualität in diesen Tagen kann oder könnte also eine sehr heilende Wirkung auf Paarbeziehungen ausüben. Sie spricht die unausrottbare Sehnsucht der Menschen nach der Transzendenz an. In dieser Perspektive sieht sie auch die Sehnsucht nach dem menschlichen Du, nach der Ergänzung des Weiblichen durch das Männliche und des Männlichen durch das Weibliche, die erotische Sehnsucht nach der Vereinigung und Entgrenzung in der Ekstase der sexuellen Begegnung. Gleichzeitig aber relativiert sie durch diese Perspektive auch die quasi-religiöse Überlastung von Paarbeziehung, Sexualität und Erotik: Du bist nicht mein „Ein und Alles", und du musst es auch nicht sein. Vielmehr: Beide sind wir auf dem Weg dahin und erfahren – manchmal – einen Vorschein dessen, wohin wir unterwegs sind. Damit hilft eine spirituelle Sichtweise der erotischen Liebe zu einer realistischen Einstellung und könnte damit die Bemühungen von guten Therapeuten und anderen „Helfern" um ein realistisches Liebesverständnis sehr unterstützen. Sie „entmythologisiert" die irdische Liebe, obwohl oder gerade weil sie ihre spirituelle Bedeutung bewusstmacht.

Gemeinsam auf ein Drittes ausgerichtet

Bei Antoine de Saint Exupéry habe ich einen Ausspruch gelesen, der dies in wunderbarer Weise wiedergibt: Liebe bestehe nicht darin, dass wir einander in die Augen schauen, sondern dass wir gemeinsam in dieselbe Richtung blicken. Dieser Satz macht mir darüber hinaus noch eine weitere heilsame Wirkung eines gemeinsamen spirituellen Weges bewusst. Paare in der Verliebtheitsphase „schauen einander in die Augen", sie sind sich genug. Sie haben einfach, wie es so schön im Märchen *Jorinde und Joringel* heißt, „ihr Vergnügen eins am anderen". Diese innige Verbindung geht allerdings durch die Ablenkungen und Inanspruchnahmen des Alltags häufig verloren, sobald das Paar auch den Alltag mit seinen Querelen zu teilen beginnt. Durch Arbeit, Verpflichtungen, Kinder, Beruf und vieles andere wird das Band, das die beiden verbindet, dünner, gegenseitige Entfremdung stellt sich ein und nimmt unter Umständen sogar immer mehr zu. Oft bemerken die Betroffenen das nicht, es bleibt ihnen verborgen, bis die Kinder aus dem Haus sind und die meisten größeren Lebensaufgaben bewältigt sind. Da tut sich plötzlich der Graben zwischen ihnen auf. Ihren zweiten Gipfel nach dem Übergang vom Paar zur Familie erreichen die Scheidungszahlen hier bei diesem nächsten Übergang, beim Übergang von der Familien- in die Nachfamilienphase. Hier entdecken viele Partner, dass sie trotz des gemeinsamen Engagement über all die Jahre hin einander dennoch fremd geworden sind und eigentlich nichts mehr da ist, was sie verbindet.

Das zentrale Thema von Paaren in dieser Phase lautet darum häufig: Lässt sich Verbindendes finden – *wieder* finden oder *neu* „er-finden"[12]. Wenn es die Partner versäumt haben, schon in der Familienphase über die Kinder und das tägliche Familienmanagement hinaus Gemeinsames weiter zu pflegen oder neu zu entwickeln, gemeinsame Interessen, gemeinsame Engagements, die ihr Zusammenleben zusätzlich mit Sinn erfüllen, kann das ein recht schwieriges Unterfangen sein. Oft stellen wir Therapeuten außerdem fest, dass das gemeinsame Dritte quasi „zu niedrig" angesetzt wird. Bloß passiver Konsum beim Fernsehen oder guten Essen zum Beispiel erfüllt das Leben nicht ausreichend mit Sinn, hektische Überaktivität ebenso wenig. Dadurch wird nicht verhindert, dass Paare verstummen, nebeneinanderher zu leben beginnen und sich immer mehr voneinander entfernen. Viktor Frankl hat uns bewusstgemacht, dass wir unser Leben nur dann als wertvoll erfahren, wenn wir es Wertvollem widmen. Dann erfahren wir *Sinn* in unserem Leben und Zusammenleben.

Es geht also um ein aktives Engagement für ein *wertvolles gemeinsames Drittes*. Wenn dies gelingt, kann das für eine Paarbeziehung eine immer wieder neu sprudelnde Quelle von Lebendigkeit und Verbindung zueinander sein und werden. Die auf Dauer angelegte Liebesbeziehung *braucht* für ihre Lebendigkeit immer wieder die Anregung durch solch ein „Drittes". Sich auf die Suche danach zu begeben ist darum eine immer wiederkehrende Aufgabe für das Leben als Paar. *Dieses wertvolle gemeinsame Dritte kann natürlich auch und vor allem ein gemeinsamer spiritueller Weg sein.* Dieses „Dritte" wirkt wie kaum etwas anderes der Tendenz entgegen, in der Betriebsamkeit und täglichen Ablenkung unterzugehen, und kann so zu einer bisher nicht erfahrenen Bereicherung und Vertiefung der Beziehung beitragen, auch deshalb, weil es eine oft vernachlässigte Dimension im Leben des Paares wieder oder erstmals lebendig macht.

Der gemeinsame spirituelle Weg weckt auch häufig bei den Partnern das Bedürfnis, zu bestimmten Gelegenheiten auch wieder *gemeinsame Rituale* zu vollziehen, entweder neue zu entwickeln oder alte wiederzubeleben, zu denen kein lebendiges Verhältnis mehr besteht und die deshalb nur noch äußerlich oder gar nicht mehr vollzogen werden. Die heilsame Wirkung von Paar- und Familienritualen (nicht nur religiöser Art) wird meines Erachtens ganz allgemein unterschätzt (vgl. den Beitrag von M. Leibig in diesem Band). Sie liegt darin, dass solche Rituale einen immer wieder zur Verfügung stehenden Raum für Lebendigkeit, Festlichkeit und tiefere Begegnung im Leben des Paares entstehen lassen, was in unserer Zeit der Ent-Ritualisierung des individuellen Lebens von nicht geringer Bedeutung ist.

Die Ausrichtung auf eine spirituelle Dimension als gemeinsames Drittes bewirkt zudem eine gemeinsame Perspektive über die täglichen kurzfristigen Ziele und Anliegen hinaus, eine gemeinsame Perspektive, die das Leben als Ganzes umfasst. Das kann eine tiefere Verbindung zwischen den beiden schaffen, als es bisher möglich war – bei aller Intensität auch in der Phase der Verliebtheit und bei allem Bemühen in den Phasen danach. Besondere Bedeutung bekommt dies gerade auch angesichts der Erfahrungen von Begrenztheit, Endlichkeit und Verfall. Wenn Paare miteinander einen spirituellen Weg gehen, brauchen sie diese Themen nicht zu tabuisieren und einander dadurch gerade in ihren bedrängendsten Erfahrungen nicht allein zu lassen. Denn der spirituelle Weg ermöglicht das vertrauensvolle Sich-Einlassen auch auf diese letzten Erfahrungen unseres Lebens im Vertrauen auf das umgreifend Göttliche, das uns auch im Tod umfängt. Das ist wohl die am tiefsten heilsame Wirkung praktizierter Spiritualität in der Paarbeziehung (vgl. dazu auch die Beiträge von Cornelius von Collande und Paula Weber in diesem Band).

Die Liebe ist größer als das Paar

Katharina Ley

> *Und letztens habe ich nach Liebe getrachtet, weil ich in der liebenden Vereinigung, in mystisch verkleinertem Abbild, die Vorahnung des Himmels erschaute.*

Bertrand Russell

Liebe und Spiritualität

Liebe ist in ihrer schönsten Qualität Herzenskraft. Sie lässt uns über uns selbst hinauswachsen. Liebe ist Staunen. Liebe ist totales Berührtsein, ist Akzeptanz, Bedingungslosigkeit und Hingabe – wie Spiritualität auch. Liebe ist größer als wir selbst. Liebe ist größer als das Paar. Damit befinden wir uns bereits im spirituellen Bereich.

Die meisten Menschen ahnen und spüren und wissen, dass es ein Größeres, Transzendentes gibt, das das Offensichtliche des alltäglichen Lebens überschreitet und sich gleichzeitig im Alltag tiefgründig manifestiert. Man braucht das Sensorium, die Sinne, um das Größere im Kleineren wahrzunehmen, zu erleben. Und man braucht Worte, eine Sprache, um es zu benennen, das Wunderbare, das jedem Tag innewohnt, in jeder alltäglichen Handlung, in jedem Atemzug. In jedem Tag ist alles enthalten, was wir geworden sind und weiter werden können.

Es ist das Anliegen dieses Textes, unsere Sinne zu öffnen und unsere Sprache zu erweitern, um Liebe und Spiritualität – die ohnehin schon vorhanden sind, in uns verankert sind und vor uns liegen – wahrzunehmen und zu be-greifen. Es geht um das Aussprechen, damit wir sehen und gesehen werden, ahnen und verstehen können. Vielleicht kann dadurch die ganz gewöhnliche Liebe zur großen Liebe werden. Ist es uns nicht allen so gegangen, dass wir die in unserem Leben erstmaligen Erlebnisse von Liebe und von Spiritualität fast nicht fassen und schon gar nicht benennen konnten? Es war einfach ein Wunder mit uns geschehen, das unser ganzes bisheriges Erleben überstieg. Erst nach und nach konnten wir dieses Wunder in unser Fühlen und Verstehen integrieren und auch davon reden.

Es geht in der Liebe und in der Spiritualität um Wachstum, um Entwicklung auf etwas Größeres zu – als Paar und als Partner. Es geht um das Ausrichten aller unserer Sinne, um das Geheimnis des Lebens und der Liebe aufzunehmen. Sowohl der Alltag als auch die Sexualität können als tägliche Feier der Geheimnisse des Lebens verstanden werden – wenn das Bewusstsein dafür vorhanden ist. Das Bewusstsein bedarf der Hege und Pflege, der Übung und Erfahrung, auch des Muts, darüber zu sprechen.

So fragt ein Mann seine Frau nach besonders gut erlebter Sexualität: „Ich spiele da mit dem Gedanken, dass das, was wir entdeckt haben, auch etwas Spirituelles hat. Ich bin sehr berührt. Was denkst du?" Sie, ganz ernst: „Ja. Ja. Genau das sagst du mir doch immer, wenn du kommst: O Gott! O Gott. Es macht mich glücklich, wenn ich das höre. Ich spüre dieses Große auch."[1]

Beide haben das Spirituelle in ihrer Liebe und Sexualität gespürt, und nun ist es noch zum gemeinsamen Benennen gekommen. Das Aussprechen erfordert Mut. Liebe reicht in die existenzielle Tiefe menschlichen Seins hinab, wo es um die letzten Dinge geht: um Leben und Tod, Trauma und Traum,

Glaube und Hoffnung. Und sie erstreckt sich in den Bereich der Spiritualität hinein, in dem die Eingebundenheit in eine Kraft, die größer ist als jene der Menschen, und die Verbundenheit von Kosmos und Mensch, von Mensch und Mensch wichtig sind.

Wie wir das Größere, das Universum, den Kosmos, die göttliche Kraft, benennen, ist eine persönliche Sache. Wesentlich ist, dass höhere Mächte und Kräfte anerkannt werden, denen man sich anvertrauen kann. Dieses Vertrauen bedeutet auch einen Verzicht darauf, alles kontrollieren zu wollen und zu können. Wir halten das Szepter unseres Lebens nicht allein in den Händen und sind nicht „Herr – und Frau – im eigenen Haus", wie Freud einmal so treffend bemerkt hat.[2] Es ist ein Annehmen dessen, was ist. Es bedeutet eine Verbeugung vor allen Kräften in uns und in anderen Menschen, die nicht leicht zu bändigen und zu steuern sind. Jeder Mensch hat seinen Schatten und kämpft auch mit seinen inneren Dämonen. Das Tun dessen, was man vermag, und das Lassen dessen, was die eigenen Kräfte überschreitet, das bedeutet, sein Lebensmöglichstes zu schaffen. Die Liebe ist eine unsere Steuerung überschreitende Kraft. Sie geschieht. Sie ist ein Geschenk, dem wir uns öffnen können.

Marianne erzählt: „Wenn ich mich sehr mutig und stark fühle, frage ich mich, ob die Liebe etwas Persönliches ist. Ob sie in Wirklichkeit nicht etwas Überindividuelles ist, das sich in Personen fängt, das durch uns alle hindurchgeht und in der besonderen Beziehung zweier Menschen aufstrahlt. Ob wir alle Röhren sind, durch die die Liebe hindurchströmt? Solche Gedanken haben so gar nichts mehr gemein mit dem, was ich von meinen Eltern über Liebe gehört habe. Aber sie eröffnen mir die Möglichkeit zu fühlen, dass ich nicht um jeden Preis mit einem Mann zusammenleben muss, dass auch das Alleinsein eine Perspektive ist, dass das Paar nicht das einzige Gefäß ist, in dem sich die Liebe sammelt. Das zu wissen macht mich freier als meine Mutter. Und freier auch den Männern gegenüber."[3] Es ist eine befreiende Vorstellung, dass die Liebe eine Energie, eine Lebenskraft ist, die uns alle durchströmt, wenn wir uns ihr zu öffnen vermögen: uns selbst gegenüber, anderen gegenüber. Die Liebe meint kein Entweder-oder, sondern ein Sowohl-als-auch: nicht ich *oder* die anderen, sondern ich *und* die anderen. Vielleicht sogar: zuerst ich, dann der Partner. Erst wenn ich mich selbst liebe, kann ich auch einen anderen Menschen lieben.

Paarliebe und Selbstliebe

Wagen wir, uns selbst zu lieben? Wie fühlt es sich an, wenn wir uns voll und ganz annehmen? Uns und die anderen. Ohne Wenn und Aber. Ohne Bedingungen. Im Bewusstsein, dass jeder neue Tag uns eine Chance gibt, uns anzunehmen. Wenn wir uns selbst annehmen, vermögen wir zu wachsen und uns zu entwickeln.

Liebesbeziehungen laden Menschen zu persönlich-individuellem und zu gemeinsamem Wachstum ein – beides eben. Zunächst und vor allem wird emotionale und sexuelle Nähe ersehnt. Der Übergang von der Verliebtheit zum Gewahrwerden, dass die Sehnsucht nach Harmonie und Verschmelzung nie ganz in Erfüllung gehen kann, ist in jeder Liebe immer auch desillusionierend. Wenn dieser Übergang immer wieder bewusst gestaltet werden kann, entfalten sich die Möglichkeiten zum Wachstum.

Die Fähigkeit, sich selbst zu lieben, wird zum Gradmesser der Liebe zu einem anderen Menschen. Wer sich selbst nicht liebt, kann entweder kaum glauben, dass ihn ein anderer Mensch liebt, oder er ist abhängig davon, dass ihn jemand liebt. Selbstliebe hat mit der Eingebundenheit in etwas Größeres und mit der Verbundenheit mit uns selbst und mit anderen zu tun.

Die Liebe zu sich selbst ermöglicht erst, sich dem Partner so zuzumuten, wie man ist. Das setzt voraus, seine eigenen Gefühle wahrnehmen zu können und sich nicht davon überwältigen lassen zu müssen. Beim Umgang mit Gefühlen geht es im Kern immer um den Umgang mit Angst. Es ist die Angst vor der eigenen Unberechenbarkeit, die Angst, sich nicht ausdrücken zu können, und immer auch die Angst, beim Anderen nicht anzukommen, von ihm nicht wahrgenommen, nicht verstanden zu werden. Glück scheint die Möglichkeit zu sein, diese Angst zu modulieren, einzudämmen und für das eigene Wohlbefinden gut zu sorgen. Der amerikanische Sexualtherapeut David Schnarch spricht von der selbst-bestätigten Intimität als der Möglichkeit, sich dem Partner zu öffnen, ihm nahe zu sein und dabei in sich selbst Bestätigung zu finden. Die Bestätigung sollte man also nicht beim Partner suchen, sondern wagen, sich dem Partner zu zeigen, jenseits von Unterwerfung und Anpassung, jenseits von Kontrolle und Vereinnahmung. Beide Partner entwickeln sich durch die Bestätigung ihrer selbst als liebende Partner. Der größte Vertrauensbeweis in einer Paarbeziehung gilt einem selbst, nämlich ob man sich selbst etwas zutraut. Je stärker die eigene Liebe zum Partner ist, desto stärker muss die eigene Fähigkeit ausgeprägt sein, sich selbst zu beruhigen und zu trösten. Es empfiehlt sich nicht, den Partner mehr zu lieben als sich selbst. Und man braucht Mut, die Liebe zum Partner und zu sich selbst in Balance zu halten.[4]

Eva und Adam sind seit sechs Jahren ein Paar. Beide sind berufstätig und leben in einer je eigenen Wohnung in derselben Stadt. Sie verbringen einen Großteil ihrer Freizeit und Ferien miteinander. Eva leidet seit ihrer Kindheit an Verlassenheits- und Trennungsängsten. Die früheren Selbste (ihre inneren Kinder: ich werde verlassen) drängen sich immer wieder in ihr erfülltes Erwachsenenleben. Adam hat auch mit früheren Selbsten (ich bin anders als ihr) zu kämpfen. Immer noch setzt er sich trotzig vom Lebensstil seiner Eltern ab, was ihn viel Energie kostet.

Beide hatten im letzten Jahr je eine Affäre, die ihnen immer noch zu schaffen macht. Das Vertrauen ist bei beiden auf dem Tiefpunkt. Sie merken im Gespräch, dass sie sich selbst auch nicht vertrauen. Eva: „Ich vertraue mir nicht, ich liebe mich nicht – außer ich leiste etwas Tolles im Beruf. Das ist zu *wenig*. Ich möchte mich selbst anerkennen und mögen." Adam: „Ich möchte Eva nicht ausweichen, obwohl sie mir manchmal Angst einflößt. Ich muss mich selbst mehr dazu ermutigen, mich als Mann und Partner zu stellen."

Die nächsten Entwicklungsschritte werden beiden in einer längeren Paartherapie klar. Sie erkennen, dass es bei beiden darum geht, einen sie selbst stärkenden Umgang mit den Ängsten, dem Vertrauen und der Liebe zu sich selbst zu finden. Auf diese Weise wird die Liebesbeziehung von den Nöten beider Partner entlastet. Beide haben bisher gemeint, der Andere müsse das für sie tun: ein Modell abhängiger, verschmelzender Liebe. Wenn sie es beide für sich tun, entsteht Raum für die Liebe im Paar. Eva: „Wenn ich mich jetzt gut fühle, für mich selbst oder mit Adam, dann habe ich mich gern. Das ist ein Anfang. Ich habe meine Verlassenheitsängste schon lange nicht mehr gespürt. Wir beginnen uns auf neue Art zu erkennen und zu lieben." Adam: „Ich muss mich nicht mehr so um Eva sorgen. Sie sorgt für sich selbst, und ich kümmere mich darum, dass es mir gut geht. Das fühlt sich sehr entlastend an. Ich bin heute anders mit ihr zusammen als zuvor, offener, freier von Erwartungen." Eva: „Wenn wir streiten, streiten wir anders, auf gleicher Augenhöhe, fairer, weniger verletzend, versöhnlicher, und beide gewinnen wir den Streit." Und sie fügt hinzu: „In bestimmten nahen Momenten ist mir feierlich zumute. Ich kann es Adam sagen, und er spürt auch ein Geheimnis unserer Liebe. Sie ist größer als wir zwei."

Eva und Adam haben einen langen Weg zurückgelegt, bis sie das Geheimnis der Liebe spürten.

Wenn in einer reifen, gleichberechtigten Paarbeziehung unterschiedliche Bedürfnisse auftauchen, bedarf es der Aussprache und des Aushandelns. Jede und jeder hat für die eigenen Bedürfnisse einzustehen. Wer bestimmt den Wohnort, den Arbeitsort, den Lebensstil, die Freizeit- und Feriengestaltung? Wer leistet einen Verzicht oder bringt ein Opfer, wenn ein Konsens nicht zu erreichen ist? Wie lebt es sich mit einem Verzicht, und wie lebt es sich als Partner, wenn der oder die andere einen Verzicht leistet?

Es ist zuweilen sehr schwierig, zwischen einem sinnvollen und einem schädlichen Verzicht oder Opfer zu unterscheiden. Wenn im Paar ein Konsens darüber erreicht werden kann, dass eine Seite einen Verzicht erbringt, wird die Paarbeziehung weniger belastet, als wenn beispielsweise der Mann einfach nicht einsehen will, wie schwer es seiner Frau fällt, ihrem Beruf nicht mehr nachgehen zu können; oder wenn die Frau einfach nicht verstehen kann, weshalb ihr Mann sein Hobby so leidenschaftlich pflegt.

Einander anzuerkennen, einander zu bestätigen, sich zu versöhnen im Paar ist immer auch ein Akt der Sorge um sich selbst und eine bewusste Entscheidung dafür, ein selbstbestimmtes Leben zu führen, als Partnerin, als Partner.

Partner verstehen einander nie vollständig, selbst wenn sie sich selbst gut kennen und den Anderen und sich selbst lieben. Bei aller Nähe und Intimität begegnen sich in einer Liebesbeziehung immer auch zwei ganz andere, ganz unterschiedliche, manchmal vollkommen fremde Menschen. Liebe bedeutet immer auch, einsam zu sein, auf sich selbst zurückverwiesen zu sein. Deshalb ist es so wichtig, sich selbst anzunehmen und zu lieben. Wenn sich in der Liebe zwei Einsamkeiten in Respekt begegnen, dann können Nähe und

Öffnung entstehen. Dann wird der *ganze* Mensch möglich, das An- und Aufnehmen des Weiblichen beim Mann und des Männlichen bei der Frau. „Lasset Wind und Himmel tanzen zwischen euch. Liebet einander, doch macht die Liebe nicht zur Fessel. Schaffet eher ein webendes Meer zwischen den Ufern eurer Seelen."⁵

Ekstase und Dunkelheit

Wenn das Glück der Liebe und die Ekstase Menschen zur Spiritualität, zum Mysterium hin öffnen, ist es ein großes Geschenk. Aber das geschieht nicht immer. Wir alle kennen wohl mehrere Liebesarten und kennen damit auch Dunkelheit, Verrat, Gewalt. Die Gewalt kann subtil sein und mit Rücksichtslosigkeit, Desinteresse und Missachtung der Persönlichkeit des Anderen beginnen. In Therapien lernen wir Liebespaare kennen, die am Erleben des Dunklen gewachsen sind – wenn in der Dunkelheit nicht zu viel Vertrauen zerstört und nicht zu viele Verletzungen zugefügt wurden. Dunkelheit kann auch bedeuten, dass zwei trostlose und verlorene Seelen zueinander gefunden haben. Und wenn sie sich miteinander nicht in der verschmelzenden Liebe verlieren, dann können sie vom Dunkel ins Licht kommen.

Dunkelheit und Licht gehören zusammen. Das eine ist ohne das andere nicht möglich. Wenn gesagt wird, Dunkelheit sei das Tor zu jeglichem Verständnis, so gilt das auch für das Licht. Licht und Dunkelheit können von unseren Sinnen nicht vollständig durchdrungen werden. Wir kennen sie nicht. Wir sind nicht wissend. Wir können uns in der Liebe üben, denn sie durchdringt die Dunkelheit und macht uns im Licht sehend. In diese Liebe gehört das Wissen, dass im Leben alles vorläufig und im Wandel ist – die Ekstase wie auch die Dunkelheit. Das ist tröstlich.

Manchmal fehlen uns die Worte, um solche Erfahrungen zu benennen und mit-zu-teilen, mit dem Anderen zu teilen. Wir müssen im Laufe des Lebens lernen, die Worte für intensive Gefühle zu finden, seien es Schmerz, Trauer oder Glück und Erfüllung. Erst die bewusste Wahrnehmung, das Erfassen und das Mitteilen, der Austausch öffnen die Liebe und erlösen vom Seelenallein-Sein, von der Einsamkeit in der Liebe.

In einem Paarseminar bricht es erstmals aus Robert, einem gestandenen Mann in über 20-jähriger Ehe, heraus. Er hat genug davon, so passiv und ängstlich zu sein in allen seinen Lebensbereichen, vor allem in der Ehe. Er hat erkannt, dass das in seiner Vergangenheit so war und bis heute so geblieben ist. Passiv und ängstlich war er immer und alle um ihn herum waren auch so. Heute will er ein Mann sein, aktiv sein, die Initiative ergreifen und für sich selbst einstehen. Er geht noch einen Schritt weiter und sagt: „Ich darf und kann ein Mann sein." Genau das wünscht sich seine Frau Sina schon seit Langem. Sie hadert seit Jahren mit Roberts Passivität. Doch noch vor dem Paarseminar hat sie etwas Neues versucht. Sie hat sich vorgenommen, Robert keinerlei Vorwürfe mehr zu machen. Stattdessen hat sie sich gefragt, was sie nicht für sich selbst getan hat. Da liegt jetzt ihre Aufmerksamkeit: ihr selbst entgegenzukommen, sich selbst gerecht zu werden.

Jetzt, erst jetzt, treffen sich die Partner in ihrer Selbstbestätigung und im tiefen Wunsch, zusammenzukommen. Robert kann ein Mann sein und Sina fragt sich, was sie für sich tun kann, anstatt Robert wie bisher in die Enge zu treiben. Beide treten nun für sich selbst ein.

Es ist immer ein eindrückliches Erleben, wenn sich ein Mensch für sich selbst einsetzt und sich selbst bestätigt. Es ist ein erster Schritt, dies für sich selbst zu tun und es dem Partner, der Partnerin mitzuteilen. In einem zweiten Schritt muss das Paar diese Selbstbestätigung in die Interaktion, in die gemeinsamen

Aktivitäten (Sexualität, Lebensstil, Gestaltung des Alltags, Erziehung der Kinder, Spiritualität) einbringen. Der Mann Robert will nicht mehr seine Angst vor Kraft und Aggression zurückzuhalten. Und Sexualität hat viel mit gesunder Aggression zu tun. Seine Frau Sina kann ihre Bedürfnisse und ihre Weiblichkeit würdigen und sich selbst und damit auch ihrem Mann entgegenkommen.

Schnarch hat beobachtet, dass das Bemühen seiner Klienten um mehr Wahrhaftigkeit, Selbstbestätigung und um das Ausschöpfen des sexuellen Potentials eine starke, spürbare spirituelle Komponente hat.[6] Auch C. G. Jung hat festgestellt, dass Menschen, die in ihrer Individuation fortgeschritten sind, große Ausgeglichenheit in ihren weiblichen und männlichen Anteilen verkörpern. Dies fiel, wie er feststellte, mit einer spirituellen Weiterentwicklung zusammen, mit der Manifestation des Göttlichen durch die Entfaltung der menschlichen Seele.

Auch in anderen Kulturen kann man das beobachten. Wir Menschen im Westen haben da keine Vorzugsstellung. Ein Beispiel aus der chinesischen Liebeskunst: Frauen, die ihrer „inneren Kaiserin" Raum geben, sind stark und großzügig, wild und geheimnisvoll, sie folgen ihrem innersten Gesetz und gehen keiner Erfahrung aus dem Weg. „Alles, was zur Beziehung zwischen Frau und Mann gehört, darf niemals vernachlässigt werden. Auf diesem Wege bringt man sich in die innerste Eintracht mit den Seelen und den Geistern, und so kann man ewig mit Himmel und Erde existieren."[7]

Die tägliche Notwendigkeit zur Versöhnung

Es gibt diese Notwendigkeit für sich selbst, und es gibt sie im Paar. Wenden wir uns vorerst der Versöhnung mit uns selbst zu. Möglicherweise befinden wir uns in einer schwierigen Lebenssituation. Wir sind weit davon entfernt, ein erfülltes Paarleben zu führen. Wir sind arbeitslos. Es fehlt ein Partner. Oder es fehlen Kinder. Wie hadern mit uns selbst und der ganzen Welt. Dann ist es nicht einfach, die Gegenwart zu bejahen. Die Selbst-Bestätigung allein und im Paar scheint in unerreichbarer Ferne zu liegen, Ekstase und Liebe ebenfalls.

Bettina ist unzufrieden und unglücklich. Das Leben bietet ihr nicht das, was sie sich wünscht. Sie hat keinen Partner. Im Beruf als Lehrerin hat sie den Eindruck, mehr zu geben, als sie zurückerhält. Die Balance stimmt nirgends, weder mit ihren Eltern und Geschwistern noch mit ihren Kollegen oder mit ihren Schülern. Sie vertieft sich in einem Naikan-Kurs in die drei Fragen, welche Unterstützung sie von anderen Menschen erhalten hat, um an ihren heutigen Ort im Leben zu gelangen; was sie in ihrem bisherigen Leben anderen Menschen an Unterstützung hat zukommen lassen; welche Probleme und Schwierigkeiten sie anderen bereitet hat, um dahin zu gelangen, wo sie heute ist.[8]

Bettina realisiert, dass sie von Eltern, Lehrern und Freunden viel Unterstützung erhielt, um an ihren heutigen Ort zu gelangen. Es beschämt sie. Es wird ihr bewusst, dass sie ihren Weg ziemlich egoistisch gegangen ist und kaum andere Menschen unterstützt hat. Mit ihren ständigen Ansprüchen und Klagen hat sie vermutlich vielen Menschen rund um sich herum Schwierigkeiten bereitet, kaum je Anerkennung und Dankbarkeit geäußert. Vielleicht hat sie deshalb nur wenige Freundinnen und keinen Partner. Sie hat immer sehr viel von den anderen erwartet und in einer Illusion von Unabhängigkeit gelebt. Nun merkt sie, wie abhängig sie in ihrem Leben und in ihrer Arbeit immer war und noch ist, freundlicher formuliert: wie verbunden sie mit anderen ist und dass sie das nun auch schätzen kann. Dass ein Geben und Nehmen in Balance kommt, wird zu ihrer täglichen Herausforderung. Die Entwicklung von Wertschätzung, Mitgefühl und Dankbarkeit für alle Menschen, die ihr seit ihrer Kindheit bis heute begegnet sind, fördert ihre Versöhnung mit ihrem Leben, mit sich selbst.

Wir können unsere Einstellungen und Gedanken gegenüber der jetzigen Situation prüfen und dann mit der Zeit auch ändern. Es ist in unserer Gesellschaft üblicher, danach zu fragen, was uns vorenthalten wurde, was uns fehlt und was uns andere nicht gegeben haben. Wenn wir die Fragen an uns in der Art von Naikan stellen, werfen wir einen neuen, dankbaren und versöhnlichen Blick auf unser Leben. Wir fokussieren uns auf einmal auf das, was wir erhalten haben. Dankbarkeit öffnet die Augen für die Verwobenheit aller Dinge und Menschen. Die Dankbarkeit hat eine versöhnliche Wärme. Wir lösen uns durch Vergebung und Versöhnung innerlich von der Vergangenheit oder von einer schwierigen Gegenwart; wir steigen aus dem Kreislauf von Schmerz, Wut und Vorwürfen aus. Wir befreien uns, auch von unserer phantasierten Zukunft. Es ist nie zu spät, daran zu glauben, dass Leiden, Schuld und Trotz, Angst und Ärger aufgelöst werden und sich in eine versöhnliche Haltung uns selbst und dem Leben gegenüber verwandeln können.
Uns selbst zu bejahen und zu akzeptieren betrifft uns als ganze Menschen mit unseren Stärken und Schwächen, unseren Erfolgen und Misserfolgen, unseren Idealen und Wünschen, Ängsten und Nöten, Schönheiten und Unvollkommenheiten, Ambivalenzen und Spannungen. Das ist unser gegenwärtiges Sein. Erst wenn wir uns selbst akzeptieren, haben wir die Möglichkeit, uns zu entfalten und zu entwickeln. Dann mögen wir uns öffnen, dann trauen wir uns selbst. Wenn wir immer wieder mit uns selbst Frieden schließen, werden wir uns weniger ärgern und weniger Angst haben. Wir glauben an uns selbst, uns selbst zuliebe – als Single und als Partner und Partnerin.

Wenn wir wissen, was zu uns und was zu den anderen gehört; was wir selbst zu bearbeiten haben und was wir getrost den anderen überlassen können, dann werden wir mit der Zeit die innere Verwandtschaft mit allen Dingen, mit allen Menschen fühlen. Wir sind ein Teil des Ganzen. Die Welt fängt an zu singen und zu klingen. In allem begegnen wir dem Lebendigen – in uns selbst und in allem, was uns umgibt und begegnet.

Versöhnung ist eine Angelegenheit der Einsicht, der Dankbarkeit und der Herzenskraft. Es geht um das Einlenken ins Gegebene und um das Loslassen. Der Versöhnung mit uns selbst geht immer eine Zeit des Schmerzes und der Trauer über das, was nicht oder noch nicht ist, voraus. In der Trauer würdigen und anerkennen wir unser Leid und unseren Schmerz, unsere Rache- und Vergeltungswünsche, unser Hadern und unseren Hass. Wenn wir Schmerz fühlen, erleben wir Verbundenheit und Mitgefühl. Wir vermögen uns zu vergeben, uns zu versöhnen.

Die Versöhnung mit sich selbst ist auch deshalb so wichtig, weil sich in einer Beziehung vielleicht nicht beide der Versöhnung öffnen wollen oder nicht dazu bereit sind. Dann muss es der eine Teil für sich selbst tun – sich selbst zuliebe. Versöhnung bedeutet immer Dankbarkeit für das Geschehene und Loslassen des Geschehenen. Achtsamkeit und Mitgefühl: Versöhnung geschieht mit allen Sinnen. Versöhnung lässt sich gestalten, mit Symbolhandlungen und Ritualen. Das bedeutet immer auch eine Transzendenz, ein Überschreiten der Grenze des unmittelbar Erfahrbaren. Versöhnung stellt den Menschen in einen Zusammenhang, der größer und weiter ist, als Menschenkraft ausreicht.

Es ist die Spiritualität der Liebe.[9]

Im Herzen lieben

Man sieht nur mit dem Herzen gut.

Antoine de Saint-Exupéry

Die Liebe ist eine Herzenskraft. Dem Herzen kommt in unserem Leben und Liebesleben eine einzigartige Bedeutung zu. Das findet schon im Volksmund seinen natürlichen Ausdruck: ins Herz schließen, zu Herzen nehmen. „Geh aus, mein Herz, und suche Freud in dieser schönen Sommerzeit an deines Gottes Gaben", beginnt das alte Kirchenlied von Paul Gerhardt. Das Herz ist eine beliebte und kraftvolle Metapher: der Ruf des Herzens, das Herz erwärmen, das Herz füllen und auch ausschütten, das Herz bewahren und im Herzen bewahren, das Herz öffnen und verschließen, Herzeleid und Herzensfreude, ein Herzenswunsch, sich ein Herz fassen und sich im Herzen verbunden fühlen. Im Herzen spüren wir die Fähigkeit, zu lieben und zu fühlen. Das Herz kann zerspringen oder brechen, und es kann genesen und heilen. So wie das Herz zu einem reden kann, so kann es auch möglich sein, mit dem Herzen zu reden. Das Herz kann zu einem inneren Dialogpartner werden, der bei wichtigen Entscheidungen hilft, die ureigene Lösung zu finden. Der Dialog mit dem Herzen ist eine Variante des Dialogs mit dem inneren Kind oder der inneren Weisheit oder Güte. Dankbarkeit, Vergebung und Versöhnung haben mit dem Herzen zu tun. Das Herz ist der Platz des Zusammenkommens und der Versöhnung der Gegensätze.

Wenn wir in Liebe erröten, ein Kind liebevoll umarmen oder gut zu uns selbst sind, ist das Herz dabei, und dies nicht ausschließlich im übertragenen Sinn, wie heute medizinisch analysiert und erwiesen ist. Nervenreize und Hormonausschüttungen regulieren das Herz und seine komplexe Arbeit und bilden die physiologische Seite dessen, was wir an Herz-gefühlen wahrnehmen. Wenn wir in einer Imagination etwas Schönes wahrnehmen und genießen, spielt auch das Herz mit. Es arbeitet im besten Fall in ebenmäßigen physiologischen Wellen, die im Begriff der Herzkohärenz zusammenfasst werden können. Die Herzkohärenz hat durchaus auch eine psychische und spirituelle Seite. In Imaginationen und fernöstlichen Meditationspraktiken wird durch das Herz geatmet und das Herz wird gereinigt, erfrischt, in Sauerstoff gebadet, beruhigt und geöffnet. Es ist also möglich, mit dem Herzen in Kontakt zu treten und ihm Gutes zu tun. Ich kenne einige Kolleginnen, die mit Herzkohärenz-Übungen erfolgreich arbeiten und sie nicht mehr missen möchten für sich und ihre Klienten. Ein wohliges Gefühl von Wärme, innere Dankbarkeit und ein Lächeln sind Zeichen von Herzkohärenz. Viele Menschen lokalisieren solche Wohlgefühle im Bauch; es kann auch das Herz und beides zusammen sein. Letztlich sind alle Organe und auch das innere Kind Teile von uns selbst. Im Zeichen der Selbstversöhnung ist ein guter innerer Dialog hilfreich.

Die starke Symbolkraft des Herzens mag auch damit zusammenhängen, dass wir es als einziges inneres Organ spüren, hören, fühlen. Das Blut wird in allen Kulturen mit Leben und Lebenskraft in Verbindung gebracht. Wer darin Übung entwickelt, spürt das Herz im gefühlsmäßigen Sinn. Er kann damit empfangen und auch senden. Und er kann mit dem Herzen und im Herzen verstehen. Es macht einen Unterschied, ob wir im Kopf oder im Herzen verstehen. Versöhnung bedarf in der Herzsprache einer Öffnung des Herzens. Geben und Nehmen fallen in eins zusammen. Die Logik des Herzens funktioniert zeitlos und grenzenlos. Heilerpersonen sind mehr und mehr überzeugt, dass Heilung aus dem Herzen kommt.

Entwicklungsaufgaben in Liebe und Spiritualität bei Paaren

Eigenständigkeit und Verbundenheit sind die Grundbedürfnisse des Paares, die es immer wieder neu zu harmonisieren gilt. Die Eigenständigkeit treibt dazu an, den eigenen Träumen und Vorstellungen zu folgen und die eigene Einzigartigkeit zu entwickeln. Die Verbundenheit in der Liebe und Sexualität stärkt die Intimität, das Miteinander von zwei einzigartigen, eigenständigen Menschen.

Die Differenzierung ist die Fähigkeit, im intimen emotionalen und körperlichen Kontakt zum Partner das eigene stabile Selbstgefühl zu wahren, eigenständig und kooperationsfähig zu sein.

Mangelnde Differenzierung bedeutet Verschmelzung. Das stabile Selbstgefühl, der Selbstwert, die Selbstliebe, die Eigenständigkeit sind nicht genügend ausgebildet. Die Partner übertragen einander wechselseitig psychische Funktionen oder Funktionsanteile. Sie sind nicht eigenständig, sondern abhängig voneinander. Erinnern wir uns an Jelloucheks treffende Frage im *Froschkönig*: „Liebst du mich, weil du mich brauchst?" oder „Brauchst du mich, weil du mich liebst?"[10] „Ich liebe dich, weil ich dich brauche", ist Ausdruck der unreifen, verschmelzenden, wenig differenzierten Liebe. Im Frosch(-Mann) und der Prinzessin(-Frau) begegnen einander zwei bedürftige Kinder, die sich Erlösung wünschen. „Ich brauche dich, weil ich dich liebe", kennzeichnet die reife, differenzierte Liebe. Die Königstochter hilft dem Frosch nicht, sich zu verwandeln, indem sie ihm seine Wünsche erfüllt, sondern indem sie ihm diese versagt. Indem sie den Frosch an die Wand schmettert, stellt sie sich ihrer dunklen Seite und steht damit zu sich selbst. Beide beenden ein altes symbiotisches, verschmelzendes Liebesmuster.

Ein Mensch mit hohem Differenzierungsgrad – gegenüber dem Partner, gegenüber der Herkunftsfamilie – hat starke emotionale Bindungen, tiefe Zuneigung, ohne zu verschmelzen und sich emotional zu verstricken (etwa in Eifersucht). Sein Selbstgefühl bricht nicht zusammen, wenn der Partner nicht da ist oder wenn er ohne Liebesbeziehung lebt. Er kann die Selbstbestätigung auch in sich selbst holen.

Ein differenziertes Paar lebt Wechselseitigkeit: Beide schreiten in ihrer persönlichen Entwicklung voran und haben zugleich Glück und Wohlergehen des Partners im Blick – beides eben, und das auch in Momenten, in denen es schwierig oder gar aussichtslos erscheinen mag.

Hanna und Uli: Sie fühlen sich weit voneinander entfernt, kurz vor der Trennung. Es scheint sie nichts mehr zu verbinden außer den Kindern. Es gibt kein emotionales Miteinander, keine Intimität mehr, selten Sex, kein wirkliches Gespräch. Beide haben auf unterschiedliche Weise den Eindruck, dass kein Interesse mehr am Partner besteht.

In der Paartherapie explodieren beide, wenn der/die Partnerin eine andere Meinung äußert. Das Paar ist erstaunt, dass die Therapeutin das als Zeichen dafür interpretiert, wie wichtig sie einander sind. Und dieses erlebte Einander-wichtig-Sein fühlt sich überhaupt nicht gut an. Dabei haben beide ein ausgeprägtes Bedürfnis nach Kontakt und nach Anerkennung. Sie stellen sich gegeneinander, streiten, um in Verbindung zu treten.

Hanna und Uli sind emotional miteinander verschmolzen. Ihre je eigene Identität entsteht aus dem gespiegelten Selbstgefühl. Sie haben kein eigenes Selbstgefühl, bei dem die Gefühle kommen und gehen – wie das Wetter. Sie können beide nicht sie selbst sein, wenn sie zusammen sind. Wenn sie miteinander schlafen, achten sie auf den Anderen, nicht auf sich selbst. Sie begehren den Anderen nicht, sondern sie brauchen ihn.

Uli knüpft sein Selbstwertgefühl an seine Erektionsfähigkeit. Beide sind ängstlich, dass es nicht klappen wird. Hanna empfindet nur noch Überdruss. Sie will innerhalb der Beziehung eigenständig werden und bringt dies auch zum Ausdruck. Das ist in Hannas Entwicklung ein Schritt zur selbst-bestätigten Intimität, also Intimität nicht nur als Öffnung und Preisgabe gegenüber Uli, sondern gleichzeitig als Intimität mit sich selbst. Sie beginnt ihrem Mann Aspekte von sich zu offenbaren, die ihm missfallen könnten. Sie sucht keine Bestätigung mehr von Uli. Zu ihrem großen Erstaunen erhält sie sie nun mehr und mehr von ihm. Uli macht mit, wenn auch nach einigem Zögern und innerer Bedrängnis, im Alltag, in der Sexualität. Und sie erleben nun in ihrer Liebe etwas, das größer ist als sie, eine Art spirituelle Vereinigung. Mehr noch: Sie können gleichzeitig zulassen, dass sie sich auch in guten Zeiten existenziell getrennt fühlten, nicht wegen des Anderen, sondern aus einer unvermeidbaren Art des Menschseins heraus. Und sie erkennen im Gespräch, dass sie sich je einzeln und als Paar als Teil eines größeren Ganzen wahrnehmen und fühlen können.

Der größte Vertrauensbeweis betrifft bei diesem Paar die einzelnen Partner selbst. Erst wenn sie sich selbst etwas zutrauen, können sie es auch dem Andern gegenüber tun. Das gilt bis zum unvermeidlichen Ende, bis zum Tod des einen Partners. Im Paar erwerben sich beide Liebenden die Selbstbestätigung und Kraft, die Liebe und Hingabe, um beim gefürchteten Verlust des Partners sich selbst durch Liebe und Fürsorge zu tragen, in aller Trauer Ruhe und Trost zu spüren.
Dieses Wachsen bedarf des Gesprächs. Sehr viele Paare berichten, dass sie das wesentlichste und tiefste Gespräch ihres Lebens führten, als einer der Partner erkrankt war. Dann wird die existenzielle Getrenntheit von Liebenden besonders schmerzlich spürbar. Und doch: Angst und Schmerz ange-

sichts des möglichen Sterbens des Partners sind wichtiger Teil der gemeinsamen gegenwärtigen Freude und Liebesintensität.

Braucht es das Paar? Welches Paar?

So wie die Liebe dich krönt, so kann sie dich auch kreuzigen.
So wie sie dein Wachstum begünstigt, so ist sie auch für dein
Beschneiden. So wie die Liebe emporsteigt in deine Höhe und
deine zartesten Äste liebkost, die in der Sonne zittern,
so wird sie hinabsteigen in deine Wurzeln und sie
erschüttern, während sie die Erde festhalten.

Khalil Gibran

„Die Welt hat Zusammenhang, die Evolution hat eine Richtung: Eros als der Geist in seinem Wirken … das Hindrängen des Geistes zum Geist, das zum Ausdruck kommt als eine Abfolge immer umfassenderer Integrationen und Ganzheiten – Schritte des Geistes zur Verwirklichung seiner selbst. Eros ist in jedem Stadium des Prozesses als der Prozess selbst gegenwärtig."[11]

Gibran sagt es poetisch und reicht mit seinen Worten vom irdischen in den spirituellen Bereich. Wilber drückt es mystisch-evolutionär aus. Der Kosmos ist geheimnisvoll geordnet. Der Geist (als mind und als spirit) ist im Kosmos ebenso enthalten wie die Materie, der Körper und die Seele. Die Evolution ist im Gange, noch unvollendet. Geist und Seele sind Versuche, die innere Erfahrung von uns Menschen zu beschreiben. Machen wir uns an die Arbeit – höre ich innerlich Wilber sagen –, den Eros, das Mitgefühl und die Für-Sorge zu entwickeln.

Eine Liebes- und Paarbeziehung bietet in ihrer Nähe und Intensität eine phantastische Möglichkeit zu wachsen, allerdings nur dann, wenn sich ein Paar um die Entwicklung der Differenzierung bemüht. Liebesbeziehungen fordern zu einer Selbstbestätigung der Partner heraus. Sich den Wünschen des Partners anzupassen und seinen Erwartungen entsprechen zu wollen bringt keine Vertiefung der Liebe. Es gilt vielmehr, dem emotionalen Druck im Paar standzuhalten, und das bedeutet, auch in der Intimität man selbst zu bleiben, auf sich zu hören und wahrhaftig man selbst zu sein. Man selbst zu sein, sich selbst zu lieben und sich selbst zu bestätigen; dann das Bedürfnis nach Individualität mit dem Bedürfnis nach Gemeinschaft zusammenbringen – das ist für ein Paar eine Chance, eine Liebe zu erleben, die größer ist als das Paar. Oder wie Russell im Eingangsmotto schreibt: die liebende Vereinigung als Vorahnung des Himmels.

Können der Mann und die Frau Liebe und Spiritualität denn auch lernen, wenn sie nicht in einer Paarbeziehung leben? Eine Liebesbeziehung mit gelebter Sexualität und dem Bemühen um Differenzierung einschließlich des Gesprächs bietet eine privilegierte Möglichkeit. Differenzierungsprozesse laufen jedoch in jeder zwischenmenschlichen Beziehung ab. So sind auch Singles herausgefordert, die Einladung zu persönlicher und spiritueller Entwicklung und Differenzierung mit Eltern, Geschwistern, Freunden und Freundinnen, Sexualpartnern und Arbeitskollegen verbindlich anzunehmen – wenn es möglich ist, im liebenden und spirituellen Sinn. „Vielleicht ist das Spirituellste, was wir tun können, durch unsere eigenen Augen zu schauen, mit den Augen der Ganzheit zu sehen und mit Integrität und Güte zu handeln."[12] Auf diese Weise werden wir durch den Mitmenschen und Liebespartner zum Menschen und können mit unseren Liebesversuchen durch die Dunkelheit gehen und zuweilen den Himmel berühren.

Einander „erlösen" – wie im Märchen?

Ingrid Riedel

Nicht selten höre ich die Klage von Frauen: Nicht einmal in den Märchen gehe es gerecht zu, was Mann und Frau betrifft; sogar in den Märchen seien es die Frauen, die endlose Wege und riesige Aufgaben auf sich nähmen, um die Männer zu erlösen.

Natürlich fallen einem bei diesem Argument rasch so anrührende Märchen ein wie *Das singende springende Löweneckerchen* der Brüder Grimm, in dem die Heldin den Spuren ihres Geliebten, den Federn und den Blutstropfen, jahrelang folgt. Sie sucht ihn, als die Spur sich ganz verliert, schließlich bei Sonne, Mond und den vier Winden; sie schlägt wie ein zweiter Ritter Georg den Drachen, der ihn bedroht, und folgt ihm noch, als – das Schrecklichste von allem! – die falsche Braut auftaucht und ihn vereinnahmt. Sie klagt ihm, dem diese einen Schlaftrank einflößen lässt, ihr ganzes Leid, indem sie ihm ihre gemeinsame Geschichte erzählt: „Ich bin dir nachgefolgt, sieben Jahre, bin bei Sonne und Mond und bei den vier Winden gewesen und habe nach dir gefragt und habe dir geholfen gegen den Lindwurm, willst du mich denn ganz vergessen?" Der Königssohn aber schlief „so hart", heißt es, dass es ihm vorkam, „als rauschte der Wind draußen bei den Tannenbäumen".

„Lassen" Männer „erlösen", so wie sie manchmal „lieben lassen", statt selbst zu lieben? Gelegentlich schon, wie dieses Märchen und manches andere zeigen. Wer diese einseitige Sicht aber wirklich vertreten wollte, hat vielleicht entsprechende Erfahrung mit Männern, nicht aber mit Märchen. Märchenkennern muss ich nicht sagen, dass es ebenso wie in der Wirklichkeit so auch im Märchen viele Frauen gibt, die in ihrer wie verwunschenen Situation auf Erlösung durch den Mann warten oder darauf angewiesen sind, wie Dornröschen in seinem 100 Jahre währenden Schlaf hinter der Dornenhecke.

Und es gibt den Märchenhelden, der unter Lebensgefahr diese Hecke zu durchdringen sucht, der sogar wie der Zarensohn im russischen Märchen *Marja Morewna* (aus Afanasjevs Sammlung) nach langer Suche im dritten Kampfgang mit dem Räuber seiner Geliebten, dem unsterblichen Koschtschey, wirklich den Tod erleidet. Koschtschey schlägt den Helden in Stücke und wirft ihn in einem Fass ins Meer. Nur mit Hilfe seiner Tierschwäger wird er durch das Wasser des Lebens sowie auch durch das Wasser des Todes wiedererweckt und kann – durch den Tod hindurch weiser geworden – seine Suche nach der Geliebten fortsetzen: Er überquert den Feuerstrom, hütet die wilden Stuten der Baba Jaga, gewinnt endlich ein Zauberross, mit dem er gemeinsam mit seiner Geliebten Marja Morewna aus Koschtscheys Bann entfliehen und diesen schließlich überwinden kann. Diese Marja Morewna ist ein „Heldenweib" und selbst eine überaus starke Frau – und doch braucht sie einen „Heldenmann", den Zarensohn, der für sie bis ans Ende der Welt geht, ja den Tod durchleidet, damit sie sich aus dem Bann des unsterblichen Kochtschey, einer übermenschlichen Gestalt, der sie magisch verfallen ist, zu lösen vermag.

Lassen sich also auch Frauen von Männern erlösen? Ja und nein. Wir sehen, die Frage ist einseitig gestellt. Frauen wie auch Männer können einander zu „Erlösern", zu „Erlöserinnen" werden, in dem Sinne allerdings, wie Märchen Erlösung verstehen. Darüber werden wir nachdenken müssen. Denn weder geht es dabei um Erlösung im Sinne der Religion noch um einen Behandlungserfolg im Sinne der Therapie.

Vor der Vorstellung, in solchem Sinn innerhalb einer Beziehung einander zu „Erlösern" werden zu wollen und zu können, muss vielmehr dringend gewarnt werden. Sie würde zu Selbstüberschätzung und Erhebung des Einen über den Anderen in der Partnerschaft und damit zur sicheren Enttäuschung und Entfremdung voneinander führen – mehr noch: Sie könnte zu einem Machtspiel zwischen Überlegenen und Unterlegenen geraten, und damit wäre jede Beziehung bald zerstört.

Was Erlösung – symbolisch verstanden – sein kann, das lernen wir vielmehr beim Studieren der überlieferten Volksmärchen, so etwa der Brüder Grimm, aber auch in den heute verfügbaren Parallelmärchen aus allen Kulturen der Welt, in denen die Erlösungsvorstellung tatsächlich vorkommt und auch so genannt wird: Es geht hier schon wirklich um „Erlösung"! Wovon und woraus aber ? Aus einer „Verwunschenheit" heraus – so würden die Märchenkenner antworten.

Aus tiefenpsychologischer Sicht werden Märchen als der Niederschlag vorwissenschaftlich-psychologischer Erfahrungsweisheit verstanden, die über Generationen von Menschen weitergereicht wurde und von typisch menschlichen Problemen und deren Lösungsmöglichkeiten handelt. Märchen spiegeln typisch menschliche Entwicklungswege wider, in denen Probleme, eben „Verwunschenheiten", wie die Märchen selbst es nennen, in einer Wandlung überwachsen werden können, die erlösend ist. Solche Verwandlungskraft aber ist nur der Liebe möglich, und nur der Gestalt der Liebe, die solche Verwunschenheit mitzulieben vermag – die den geliebten Menschen dort abholt, wo er ist. „Es ist, was es ist – spricht die Liebe".[1]

Die Erlösungsvorstellung der Märchen ist eine ganz spezielle. Erlöst wird der Mensch, wie schon gesagt, hier von einer „Verwunschenheit", einer verdunkelten Gestalt", in die er teils unverschuldet, teils mitverschuldet durch eine verhängnisvolle Entscheidung oder Handlung hineingeraten ist. Eine solche „Verwunschenheit" ist oft symbolisch dargestellt durch die Verzauberung jenes Menschen in eine Tiergestalt. Auch das spielt bei seiner Verwünschung von Geburt an mit; so lässt sich aus der Märchenhandlung erschließen, dass der Kinderwunsch seiner Eltern nicht eigentlich ihm, sondern vor allem deren eigener Aufwertung diente, nicht dem Kind als solchem in dessen ganz eigener Wesensart. Oft geht die Verwünschung, wenn auch eher unbewusst, von solchen Eltern aus, wie im Märchen *Hans mein Igel*, in dem der Vater als reicher Bauer sich einen Hoferben wünscht und sich schließlich, als der Kindersegen allzu lange ausbleibt, zu einer Verwünschung hinreißen lässt: „Ich will ein Kind haben, und sollt's ein Igel sein."

Im Märchen werden nicht nur Wünsche, sondern auch Verwünschungen wahr, und so bekommen die Eltern einen Jungen in einer Igelhaut. Dieser ist zwar innerlich weich und verwundbar, äußerlich jedoch stachelig und abweisend geworden, weil er die Erfahrung machen musste, dass man gar nicht ihn selbst meint, sondern ihn nur für etwas vereinnahmen will, was er für die selbstbezogenen Eltern darstellen soll, und dies muss er abwehren. Stachlig ist er zu allen, weil er überall Übergriffe befürchtet. Wie kann in diesem Fall Erlösung aussehen? Das Märchen schildert uns, dass eine Frau bereit ist, diesen Igelmann in all seiner Verwunschenheit anzunehmen und zu lieben, so wie er ist. Das bewegt diesen Mann, der sich noch nie um seiner selbst willen gemeint sah, so tief, dass er zum ersten Mal im Leben seine Stacheln, die ihn bisher beschützt haben, los sein will. Sie könnten der Frau weh tun, und mit diesen Stacheln kann er sie nicht umarmen. Immer wieder erlebe ich zwar auch, dass Männer mit solchen Igelproblemen zunächst einmal eine Therapie suchen und sich etwa mit folgenden Worten in meiner Praxis anmelden: „Ich bin ‚Hans mein Igel' – der will ich nicht für immer bleiben! Können Sie da etwas machen?" Vor allem aber, noch vor und auch nach jeder Therapie, braucht „Hans mein Igel" eine Bezogenheit und eine Beziehung, die ihn meint, so wie er jetzt ist.

Sehr ähnlich wie dem Igel ergeht es auch dem „Eselein" im gleichnamigen Märchen der Brüder Grimm. Seine königlichen Eltern wollen partout einen repräsentativen Thronerben haben, viel dringender als ein Kind, das als es selbst zu lieben wäre – und so bekommen sie prompt einen Anti-Prinzen, nämlich ein Eselein. Das ist zwar drollig, aber scheinbar dumm und verspielt und eher zu einer Kasperlrolle geeignet als zu einem Regenten. Vor allem die Mutter ist über sein wunderliches Aussehen und seine Art derart entsetzt, dass sie es am liebsten tot sehen und den Fischen vorwerfen würde, während es der Vater immerhin als gottgegebenes Menschenkind hinnimmt. So kommt es, dass das Eselein, das sich bald als Lautenspieler durchzuschlagen beginnt und auch ein bißchen als musizierender Esel den Komiker spielt, immerhin zu den Vaterfiguren, denen es begegnet – einem Musiklehrer, einem Wanderkameraden, einem Torwächter und einem fremden König –, spontanes Zutrauen hat, ganz anders als zu den Frauen. Ihnen gegenüber ist er von Angst und Misstrauen erfüllt, weil sie für ihn die Mutter widerspiegeln, die ihn ja den Fischen zum Fraß vorwerfen wollte. Von Frauen erwartet er nur Ablehnung, so sehr er sich auch nach ihrer Zuwendung sehnt. Hier ist seine Verwunschenheit begründet und hier leidet er sehr unter ihr.

Auch in diesem Märchen ist es allein die vorbehaltlose Liebe einer Frau, die diesen verwunschenen Mann in seiner Eselsgestalt anzunehmen, ja zu lieben vermag, auch wenn sie ihn zuerst ein wenig „wunderlich" findet – und ihm dadurch in seiner sensiblen, drollig verspielten und auch künstlerischen Art schließlich die Erlösung aus seiner bis dahin lebenslangen

Verwunschenheit ermöglicht. Vor ihr und ihrem Vertrauen in der Nacktheit der Nacht wagt er auf einmal das Unwahrscheinliche – nämlich, die Eselshaut, die seine zweite Haut geworden ist, abzuwerfen –, und heraus kommt ein liebenswerter und liebesfähiger, verantwortungsvoller Mann, der durchaus reif ist, nun sogar das Regierungsamt, das sein Vater ihm ursprünglich zugedacht hatte, zu übernehmen.

Natürlich ist es in den Märchen keineswegs nur die Frau, die den verwunschenen Mann erlöst. Oft ist ja auch die Frau die Verwunschene, verwunschen vielleicht in eine Froschprinzessin, eine Kröte oder sogar in eine Ameise, also in etwas allzu Unscheinbares.

Im Märchen *Jorinde und Joringel* ist sie immerhin in eine Nachtigall verzaubert, die zwar unerhört schön und sehnsuchtsvoll zu singen und zu fliegen vermag, aber ihre menschliche Stimme und ihren menschlichen Körper mit Armen und Händen, mit denen sie handeln und auch umarmen könnte, verloren hat. Sie wurde in eine Nachtigall verzaubert, als sie in ihrer Anfangsverliebtheit in einen Mann – in Joringel – unversehens unter den Bann einer „Erzzauberin" geriet, in den Bann eines übermächtig „Mütterlichen", das ihr die Beziehung nicht zu gönnen schien. Nun ist es ganz an dem jungen Mann, sie zu „erlösen" – an ihm, der zwar auch für kurze Zeit versteinert wird, als er der Erzzauberin zu nahe kommt, der aber nicht ruht, sondern auf ihre Befreiung sinnt, sobald er sich nur wieder bewegen kann.

Im Märchen *Jorinde und Joringel* kann Jorinde, in eine Nachtigall verwandelt und obendrein von der Erzzauberin in einem Käfig gefangen gehalten, erst dann erlöst werden, als Joringel, ihr geliebter Partner, von einer blutroten Blume träumt, in deren Blüte eine Perle schimmert – und wenn er darüber hinaus diese Perle in der Wirklichkeit zu suchen beginnt: und endlich auch findet. Dieser Traum, den er im Alltag der Wirklichkeit einlösen muss, bedeutet, dass er in der Tiefe seiner Psyche zu einer Liebesfähigkeit finden wird, die so blutvoll, feurig und leidenschaftlich ist wie die blutrote Blume (ein Bild auch für den weiblichen Schoß, nach dem er sich sehnt) und die zugleich die wie im Mondlicht schimmernde silberne Perle enthält, ein Symbol für das runde Ganze und manchmal sogar ein mystisches Symbol für das transpersonale Dritte, das über einer jeden tiefen Beziehung steht, das sie trägt und schützt. Dieser Bezug der Liebe zur Transzendenz entwickelt sich nach der Erfahrung der Märchen vor allem im durchlittenen und überwundenen Schmerz um die zeitweilige Trennung vom geliebten Menschen, so wie auch die Perle nur durch eine Verwundung der Muschel, die sie trägt, entsteht.

Einer solchen schmerzerprobten Liebe, in der die Leidenschaft einen Bezug zu dem Transzendierenden gefunden hat, vermag die „Erzzauberin" nichts mehr entgegenzusetzen Sie sprengt den Bann, der über dieser Beziehung lag. Berührt durch diese Blume gewinnt Jorinde ihre menschliche Gestalt zurück, gewinnt Boden, Sprache und Körper wieder, so dass sie – „erlöst" – ihren Joringel umarmen kann, der den Bannkreis, der um sie lag und der sie von ihm und der Welt trennte, durchbrochen hat. Auch hier ist Erlösung ein Beziehungsgeschehen, das den Bann eines verwünschenden Mutterkomplexes bricht, auch eines prägenden Frauenbildes, unter dem Jorinde nur noch Sehnsucht – also Nachtigall – war und nicht mehr oder noch nicht wieder eine Frau aus Fleisch und Blut.

Im Märchen *Die verwünschte Prinzessin* ist es der Bann eines „Berggeists", eines übermächtigen Vaters und Vaterkomplexes, der über der Frau liegt und den nur ein von Sehnsucht nach ihr ergriffener junger Mann, der Held jenes Märchens, zu brechen vermag. In Leidenschaft entflammt, achtet er der Depression und der selbstzerstörerischen Wutanfälle der Prinzessin nicht und schätzt sie als unbedeutender ein als seine Liebe zu ihr, und unter Einsatz seines Lebens – alle Versager nämlich lässt sie hinrichten – verstellt er ihr den Rückweg zum magisch-mächtigen Berggeist-Vater, treibt ihn ihr in liebevoller Gegen-Aggression buchstäblich aus. Er wagt sich in die Höhle des Löwen und begibt sich unter der Führung eines „dankbaren Toten" ins geheimnisvoll-magische Reich jener Vatergestalt, die ein Berggeist ist. In dramatischen Szenen und großartigen Bildern wird hier geschildert, wie eine im Bann ihres macht-vollen Vaters stehende, zu Depression und narzisstischer Zer-störungswut verwunschene Tochter durch einen Mann erlöst werden kann, der sich ebenso liebevoll wie energisch zwischen sie und den Vater stellt und dabei zugleich tief in das verwün-schende Seelenreich des Berggeists eindringt; der es besiegen kann, indem er es durchschaut und die vitalen und geistigen Kräfte, die zuvor nur dem Vater eigen waren, in sein eigenes Wesen integriert.

Befreiung von einer von weither mitgeschleppten Ver-wunschenheit, wodurch die wahre Wesens-Gestalt des betref-fenden Menschen deformiert wurde – dies heißt „Erlösung" im Märchen, wenn man dessen Symbolsprache zu verstehen sucht. Die Märchensymbolik ist insofern realistisch und auch der christlichen Vorstellung von der Erlösungsbedürftigkeit des Menschen nicht ganz fern, als sie um überpersönliche Mächte weiß, archetypische Mächte, stärker als der einzelne Mensch, weshalb sie ihn verwünschen und in einer Verwunschenheit gefangen halten können: Ob es „die böse Fee" ist wie bei *Dorn-röschen*, die „Erzzauberin" wie bei *Jorinde und Joringel*, der „Berggeist" im Märchen *Die verwünschte Prinzessin* – es sind nicht nur die persönlichen Mutter- und Vaterbilder und -kom-plexe, die hier gemeint sind, obgleich sich auch diese wie auto-nome und dem bewussten Willen entzogene Kräfte gebärden können. Als kollektive Komplexe sind sie mehr als dies, sind sie überpersönliche Mächte, die ein ganzes Kollektiv, eine ganze Gesellschaft verwünschen können. So gehörten ein quasi kollektiver Mutterkomplex, ein Gebanntsein von der Faszination durch die „Große Mutter" und ein entsprechendes nachtigallenhaftes Frauenbild, in dem die besten Frauen nur noch sangen, dichteten und sich in Sehnsucht verzehrten, gewiss zu den archetypischen Hintergrundsmächten der Romantik, der Zeit, in der die Grimm'schen Märchen ihre endgültige und schriftliche Fassung fanden. Entsprechend hat die Erzzauberin in jenem Märchen nicht nur Jorinde, sondern gleich 10000 Jungfrauen mit-verwünscht und in Vogelkäfige, in ein Frauenbild unter dem Bann der „Großen Mutter", eingesperrt, wo sie – in einem fernen Waldschloss festgehalten – zwar in herzzerreißender Sehnsucht singen wie die Nachtigallen, aber an der weiteren Entwicklung ihres Frauseins gehindert werden. So kann denn auch Joringel mit seiner roten Blume samt der Perle, also mit einer Liebeskraft, die sinnenhafte Leidenschaft und Transzendenz verbindet, die übrigen 10000 verwunschenen Jungfrauen mit erlösen, so dass auch sie zur menschlichen Gestalt und zu ihrer eigenen Liebesfähigkeit und Leidenschaft finden können. Man kann spüren, wie diese Märchenhandlungen gerade für solche menschlichen Schicksale transparent werden, die einer seelischen und körperlichen Befreiung bedürfen. Wie viele junge Frauen sind nicht schon wegen eines unerlösten kollektiven Mutterbildes, Mutterkomplexes beziehungsunfähig geworden, von dem die magischen Kräfte des Weiblichen ins Unbewusste abgedrängt und abgespalten wurden, von wo sie autonom und bannend zurückwirkten. Es ist ein kollektiver Mutterbann, der die Frau auf eine unerfüllte Sehnsucht fixiert, in eine Nachtigall verwandelt und zugleich den Mann zeitweise versteinert, es sei denn, er hält an seiner Beziehungsfähigkeit fest und findet in der Tiefe seiner Seele die blutrote Blume mit der Perle. Von einem solchen Mann mag eine Frau in ihrer unerfüllten Sehnsucht träumen, um ihn dann hoffentlich zugleich – subjektstufig – als eine eigene innere Seelenkraft zu erkennen: Sie kann mit ihrer so genannten männlich-aktiven Seite die blutrote Blume mit der Perle in der eigenen Seelentiefe suchen und finden, sie heraufholen in die Wirklichkeit und damit von innen her ihre eigene Verwunschenheit in eine Nachtigall überwinden, so dass sie dann dem realen männlichen Gegenüber als eine Frau aus Fleisch und Blut zu begegnen vermag. Sie muss sich nun nicht mehr erlösen „lassen".

Auch ein Mann kann sein verwunschenes inneres Frauenbild überwinden – vielleicht ein beseeltes Nachtigallenbild, aber ohne Fleisch und Blut – und es durch ein erotisch-sexuelles Bild ersetzen, das wie die erotischen Bilder im biblischen Hohen Lied Salomos in mystische Tiefe reichen kann: ein inneres Bild, das auch die reale Suche nach einer Partnerin ganz anders gestaltet, als ein bloßes Nachtigallenbild es vermöchte.

Erlösung im Märchen sieht immer so aus, dass ein Mensch aus einer verwunschenen Dunkelgestalt gelöst wird – hin zu seinem eigentlichen Wesen, zu seinem eigentlichen Selbst. Die Dunkelgestalt kann dabei in einer depressiven und zugleich narzisstisch-zerstörerischen Wesensart bestehen wie bei der „verwünschten Prinzessin" oder in einer vormenschlichen Tiergestalt, also einer vor allem vom Trieb her gesteuerten psychischen Situation. Diese kommt besonders krass bei *König Lindwurm* in einem dänischen Märchen zum Ausdruck oder auch bei der *Prinzessin, die in einen Wurm verwandelt wurde* in einem litauischen Märchen. Bei beiden Märchen geht es um die Verwandlung eines Menschenkindes in ein primitives, kriechendes Wesen, das sich selbst verachtet, und die Märchenhandlung dreht sich um die mögliche Erlösung dieser Wesen aus ihrer verwunschenen Dunkelgestalt.

„Die Kunst, bezogen zu sein", die aus solcher Verwunschenheit befreien würde, setzt stattdessen ein Ja zum So-Gewordensein und zur Verbundenheit miteinander, auch schon in der noch unerlösten Gestalt, voraus; denn nur dann kann Beziehung sich entfalten, kann sie bewusst gestaltet werden. Nur um diesen Preis, einander im So-Sein anzunehmen, ist der Anteil an Geborgenheit zu haben, den es unter Menschen gibt, den es aber auch wirklich und zuverlässig gibt. Letztlich aber bedarf es zu dieser „Kunst" des Mutes – oder der Demut –, sich von etwas Größerem abhängig zu wissen, das uns umfasst und birgt; nennen wir es vielleicht „das Leben Selbst", aus dem wir geboren und damit grundsätzlich bejaht sind. Und dies eben nicht als Vereinzelte, sondern in Interdependenz mit allen Lebewesen, die uns umgeben, im Kosmos der äußeren und der inneren Welt. Sich einzufügen in diese große Interdependenz – bescheiden, liebevoll, verantwortungsvoll –, das wäre sie, „die Kunst, sich beziehen zu können", die ich meine.

Wie kann solche gegenseitige Bezogenheit aussehen? Wie können wir unser Innerstes und Eigenstes bewahren und uns doch gleichzeitig dem Gegenüber öffnen, damit es sich auch selbst öffnen kann – um es aufzuschließen, damit es von seiner Dunkelgestalt lassen und sich in seiner wahren Gestalt zeigen kann?

Ist es nicht so, dass gerade das Zarte, das Zerbrechliche, das Verwundbare wie auch das „Verwunschene" unsere eigene Zartheit, ja unsere Zärtlichkeit in der Begegnung weckt? Schon eine Vase aus feinem Glas in ihrer Zerbrechlichkeit nimmt man vorsichtig-liebevoll in die Hand: Sie kann unsere Zartheit wecken. Wie viel mehr noch weckt ein schutzloser, vielleicht ein behinderter, vielleicht schon ein schlafender Mensch diese Zartheit! Es hat mich einmal ganz tief angerührt, als ich spät abends durch einen Zug ging, durch mehrere Wagen

2. Klasse – es war kein Schlafwagen! –, und überall die Menschen schlummern sah. Sie waren so ungeschützt, hingegeben und ausgeliefert an ihre menschliche Bedürftigkeit.

Entspringt nicht diese tiefe Zärtlichkeit einer Schutzlosigkeit, die sich vor allem in der Nacktheit zeigt? Lemaire schreibt: „Meine Liebkosung entdeckt die Verletzlichkeit des anderen, der anderen: die Wehrlosigkeit ihrer Nacktheit, aber sie bestätigt sie auch. Das behutsame Streicheln meiner Hand verweilt bei der Zerbrechlichkeit der anderen."[2] Aus solchem Berührtwerden wiederum gewinnt ein Mensch sein feines Gefühl für sich selbst, seine Identität als geliebter Mann, als liebenswerte Frau. Aus solchem Berührtwerden heraus können „das Eselein" und „Hans mein Igel" ihre verwunschene Tierhaut und Tierheit schlußendlich abwerfen. Identität meint zuallererst meinen Körper, mein unverwechselbares Körper-Selbst: Wenn es zur Tierheit verwünscht ist, bin ich mir selbst verwünscht und unkenntlich. Umgekehrt: Wo ich mein wahres Selbst entdecke und wo es in liebevoller Berührung entdeckt wird, wird die Tierhaut entbehrlich, ja überflüssig. Alles aber, was verwundet, was zugleich verwunschen ist, hat auch eine besondere Qualität – das lehren uns die Märchen –, die uns zärtlich stimmen kann. Das hat das Unverwundbare nicht! Das Verwundete aber, das oft zugleich das Verwunschene ist, löst Achtsamkeit und Zuwendung aus. So werden auch in der Umgangssprache Zuwendung und Zärtlichkeit manchmal wechselweise gebraucht.

Gerade starke Menschen sind manchmal schwächeren oder gar verletzten Menschen in Zartheit zugewandt. Immer sind es in den Märchen die weniger Verwunschenen, die freier Gebliebenen, ob Frau oder Mann, die ausziehen, um den stärker gebundenen Partner zu befreien. Die Beziehung zwischen Arzt und Patient, Therapeutin und Klientin beruht, wo sie stimmt, ebenfalls auf solch zarter Empathie. Das Urbild für all dies ist die Mutter-Kind-Beziehung. Die zarte Hand der Mutter, eine jede ihrer Berührungen weckt das warme Gefühl der Geborgenheit, der Zugehörigkeit, des selbstverständlichen Angenommenseins im Kind, ein Gefühl, auf dem es seine Identität aufbauen kann. Wie wird es vom aufstrahlenden Blick der Mutter oder des Vaters, wenn sie ihr Kind auftauchen und ihnen entgegenspringen sehen, bestätigt! Und wie kann eine zu harte Hand, ein zu kühler, zu ungeduldiger Blick das Kind abstoßen, verwirren und ängstigen und, wenn es dies ständig erlebt, sein Gefühl von Zugehörigkeit und selbstverständlicher Verbundenheit mit den Eltern stören, ja zerstören. Stattdessen kommt das Gefühl auf, unwillkommen und wertlos, abgelehnt und ablehnenswert zu sein. Das keimende Selbstgefühl des Kindes, das noch ganz von der Beziehung zur Mutter oder zum Vater abhängig ist, kann sich hier gar nicht erst aufbauen; es ist von vornherein gestört. Hier kann auch keine tragende Identität entstehen, allenfalls ein Not-Ich. Dieser Mensch ist in seinem Selbstgefühl von Anfang an verwundet. Die Märchen nennen eben eine solche Verwundung ein Verwünschtsein, eine Verwunschenheit, als habe bei der Taufe dieses Kindes wie im Märchen *Dornröschen* eine böse Fee statt der guten als Patin bereitgestanden.

Wenn Frau und Mann ihrer beider Zerbrechlichkeit und Verwundbarkeit als Menschen anerkennen, so anerkennen sie auch ihre Bedürftigkeit nach einfühlendem, zartem Umgang miteinander, akzeptieren ihr gegenseitiges Angewiesensein darauf – gerade wenn sie sich schutzlos einander zeigen, nackt, in ihrer Körperlichkeit, in ihrem Körper-Selbst als dem Ursprung ihrer Identität. Dann vermögen sie ihre Igelstacheln und Eselsfelle, ihre Kröten- und Ameisenleiber abzulegen.

Wenn wir also unsere eigene Zerbrechlichkeit anerkennen, unsere Verwundbarkeit, und damit im Grunde unsere Sterblichkeit, wenn wir sie auch gefühlsmäßig annehmen, so wissen wir damit zugleich um die Zerbrechlichkeit, Verwundbarkeit und Sterblichkeit eines jeden anderen Menschen, wissen wir um sie als die *condition humaine* und können uns in sie einfühlen. Dies führt uns dazu, miteinander achtsam umzugehen und, in dieser Verwundbarkeit aller, solidarisch miteinander zu leben. Aus der eigenen Verwundbarkeit heraus, in unserer Körperlichkeit und damit auch in unserem Körper-Selbst, unserem Selbstgefühl und unserer Identität wissen wir um die gleiche Verwundbarkeit der anderen und können deren Unversehrtheit schützen lernen wie unsere eigene. So erwächst aus der eingestandenen und eingefühlten Verwundbarkeit, ja Verwunschenheit vieler schließlich Solidarität und das Bedürfnis, einander beizustehen und, wenn möglich, einander aus so manchem Bann zu lösen, aus so mancher Blockierung. „Erlösen" hat ja vor allem mit Lösen, mit Knotenlösen, mit Befreien zu tun.

So entpuppt sich die Achtsamkeit füreinander aufgrund unser aller Zerbrechlichkeit nicht nur als intimer Ausdruck des Menschlichen, sondern möglicherweise sogar als Basis für eine neue Ethik: als Zartheit statt Grobheit im Umgang miteinander, als Friedensfähigkeit, gerade aufgrund unserer Verwundbarkeit. Der Zusammenhang von Selbstgefühl und zwischenmenschlicher Bezogenheit lässt sich indessen an dem schon genannten Grimm'schen Märchen *Hans mein Igel,* in dem ein Mensch, nicht ohne Grund, sich einigelt, noch subtiler betrachten. *Hans mein Igel* ist in dem gleichnamigen Märchen ein Beispiel extremer Verwundbarkeit, die sich selbst mit aufgestellten Igelstacheln schützt: Der Märchenheld ist ein Junge, der mit einer Igelhaut geboren wurde, offenbar auch deshalb, um den vereinnahmenden Übererwartungen seiner Eltern – er soll ein repräsentativer Hoferbe werden – etwas entgegensetzen zu können, um ihnen zu entgehen. Als Igel wird er vehement von seinen Eltern abgelehnt, vor allem von seinem Vater, und wegen der fehlenden Anerkennung und Zuwendung muss er nun erst recht ein Igel sein, seine Stacheln aufstellen und die Übergriffe aggressiv abwehren – mit Stacheln, die jede Nähe zu ihm unmöglich machen, jedenfalls in den Augen seiner Eltern. Hätte man ihn nämlich am stachellosen weichen Bauch gekrault – so wie Kinder das bei Igeln gern tun –, hätte er die Stacheln glatt gelegt und sein Wohlbehagen ausgedrückt.

Seine Eltern lehnen ihn jedoch schroff ab und probieren das Kraulen nicht ein einziges Mal aus. Seine Mutter ist überzeugt, dass er wegen seiner Stacheln nicht an der Brust trinken kann, und so wird er nicht gestillt; sie will nicht, dass er in ein ordentliches Bett kommt, und so wird Stroh für ihn aufgeschüttet, statt dass man ihm ein Bett vorbereitet. Sie glaubt auch, er könne nicht getauft werden, weil man für so einen wie ihn keinesfalls einen Paten fände, und so sucht man gar nicht erst einen. Er hat also auch keine schützende Person zur Seite, wie es der Pate sein könnte.

Da Hans die Anerkennung und Zuwendung seiner Eltern nicht bekommt, ist er extrem verunsichert in seinem Selbstwertgefühl und kann sich allenfalls unter seinen Stacheln verstecken, auch mit seinen Stacheln schützen, indem er – auch prophylaktisch – möglichen Angreifern schmerzhafte Stiche versetzt. Was er nicht kann wegen dieser Stacheln, mit diesen Stacheln, ist: Nähe oder gar Liebe zulassen. Eine Umarmung ist mit diesem Stachelkleid überhaupt nicht möglich. Auch sich selbst als den missglückten Menschen, der er ist, kann er nicht umarmen, er vermag sich selbst als diesen Igel-Menschen nicht anzunehmen. Er kann sich nur einrollen und stechen, wenn sich ihm ein Mensch nähert, andere Sicherheit kennt er nicht. Was für ein treffendes Bild hat der Märchenerzähler hier gefunden! Ein narzisstisch verwundeter Mensch, der zu wenig Zuwendung und Liebe erfahren hat, ist angefüllt mit Angst und Aggression, igelt sich ein und sticht präventiv erst einmal jeden, der ihm nahekommen will. Nähe kennt er nur als Gefahr, als Gefahr von Übergriffen!

Sind überhaupt Umstände vorstellbar, unter denen es solch einem mit Stacheln geborenen Menschen je gelingen könnte, aus dieser Igelhaut herauszukommen? Denkbar wäre es nur in dem unwahrscheinlichen Fall, dass er sich auf einmal doch mit einem warmen, liebevollen Blick angeschaut und angenommen fühlen könnte: als der Igel, der er nun einmal ist. Diese Umstände könnten nur dadurch eintreten, dass er selbst sich erkennt in dem, wie er jetzt ist, und sich aus seiner Igelhaut heraus so elementar nach Liebe und Nähe sehnt, dass er es einfach nicht mehr aushält in seiner bisherigen Haut, dass er das Unwahrscheinliche wagt, sich einer Frau zu nähern und sich bis ins Körperliche hinein berührbar zu machen. Da dies in einer stechenden Igelhaut einfach nicht möglich ist, müsste er bereit sein, das scheinbar Unmögliche zu tun und die Igelhaut, in der er doch geboren wurde und die doch auch sein einziger Schutz ist, abzulegen. Wie sollte dies anders möglich sein als unter furchtbaren Schmerzen?

Doch nur schutzlos wäre er frei zur Begegnung, letztlich zur Liebe. Das Märchen erzählt mit großer Einfühlung und Dramatik, wie es schließlich zur Liebe kommt, nachdem Hans zunächst jahrelang nur in der falschen Identität gegenüber der Welt, im Not-Ich des ungeliebten Kindes, zubringen musste, in der Igelhaut. Er ist *Hans mein Igel* – mein und dein Igel also. Für jeden, der ihn anspricht, wird er dessen Igel sein, an dem dieser sich sticht. Daraus kann ich meine erste These ableiten: Je größer die Selbst-Unsicherheit eines Menschen, desto stärker wird seine Einigelung sein, sein Stachel-Stellen. Er wird der *homo in se incurvatus* sein, von dem auch Luther spricht, der „in sich zurückgekrümmte Mensch". Diese These lässt sich umkehren: Je größer die Selbstgewissheit, das Selbstwertgefühl eines Menschen, je sicherer seine Identität, desto mehr Mut zu offenen Grenzen, zu Berührbarkeit, Nähe und Kontakt wird er haben. Je besser verwurzelt die Kern-Identität eines Menschen, desto stärker das Gefühl von Sicherheit, desto durchlässiger also die Grenzen. Selbstgewissheit kann andererseits nur durch wirklich erfahrene Akzeptanz gewonnen werden.

Wenn schon nicht durch die Eltern oder nahe Bezugspersonen, so kann doch eine warmherzige Erzieherin oder ein Lehrer auf das verschlossene Kind aufmerksam werden und es wirklich wahrnehmen und annehmen. Auch die Freundin, der Spielkamerad, die Peergroup können einem solchen Kind manche freundschaftliche Spiegelung und Anerkennung geben. Später wird vielleicht eine Therapeutin oder ein Therapeut Bezugsperson sein können, die dem Jugendlichen oder schon jungen Erwachsenen die intensive Zuwendung gibt, nach der er hungert und die es ihm ermöglicht, Selbstwert und Identität aufzubauen. Seit längerem gibt es im Umkreis der Frauenbewegung Frauengruppen, deren Mitglieder gemeinsam auf Identitätssuche sind; seltener, aber doch auch anzutreffen, finden sich entsprechende Männergruppen zusammen.

Eine Grunderkenntnis der psychologischen Bindungstheorie besagt, dass jedes Kind seiner Ungeschütztheit und Verwundbarkeit so zu begegnen sucht, dass es auf erwachsene Bezugspersonen zugeht, auf väterliche, mütterliche Menschen, die es schützen können, wenn die Eltern selbst versagen. So hätte *Hans mein Igel* vor allem den Paten gebraucht, den man ihm versagte. Wir verwundbaren Menschen brauchen alle, auch als Erwachsene, zugewandte Bezugspersonen, die uns akzeptieren; wir brauchen ein Du, ein Wir, dem wir zugehören, um unsere Ungeschütztheit als Einzelne auszugleichen. Wir brauchen ein sicheres Refugium bei Menschen oder wenigstens das innere Bild eines geschützten Raums in unserer Phantasie und Imagination (auch eine geglaubte, imaginierte Gegenwart von schützenden Wesen, Engeln, von göttlichen Kräften kann solch ein innerer Zufluchtsort sein). Auch dieser *Hans mein Igel* im Märchen sucht seine unzugänglichen Eltern, und angesichts ihrer anhaltenden Ablehnung entwickelt er Beziehungsphantasien: zu einem Tier, einem Dudelsack, einem Baum – alles Äquivalente für das Mütterliche; und sucht auch das Väterliche in den Königsgestalten, die ihm später begegnen und unter denen der eine sich schließlich als verlässlich erweist. Eigentlich aber und letztlich sucht er die Frau, die Braut, die Königstochter, deren liebender Blick alleine ihn erlösen könnte.

Ehe wir uns jedoch der Liebe eines anderen Menschen überhaupt öffnen können, brauchen wir auch einen akzeptierenden Blick auf uns selbst (der einem narzisstisch Verwundeten wie unserem Hans besonders schwerfallen dürfte).

Hans mein Igel, der vor lauter Vernachlässigung fast gestorben wäre, greift immerhin zu, sorgt für sich selbst, als ihm sein Vater ein einziges Mal im Leben einen Wunsch frei gibt: Er wünscht sich einen Hahn, ein im Grunde aggressives Tier, auf dem er ausreiten könnte wie ein kleiner Ritter. Mit dem er sich wehrhaft zeigen könnte. Was für ein Bild: der Igel, der auf einem Hahn reitet! Dazu wünscht er sich einen Dudelsack. So ausgerüstet verlässt *Hans mein Igel* unverzüglich das ungastliche Elternhaus, zieht hinaus in den Wald, wo er sich hoch oben im Baum, wo ihn niemand erreicht, ein Baumhaus baut, wie es viele Kinder tun, denen es zu Hause nicht gut geht. So sucht er gleichsam Zuflucht bei der größeren Mutter Natur und baut hier seine erste Identität auf. Dort lebt er viele Jahre mit seinem Hahn und seinem Dudelsack, den er allmählich meisterhaft zu spielen lernt – im emotionalen Ausdruck und im Gespräch mit sich selbst –, und lernt die Wege in Wald und Wildnis, in der Natur draußen wie auch in der seines eigenen Unbewussten kennen, so dass er sie schließlich sogar den Königen, die sich im Gelände verirrt haben, aufzeigen kann.

Was er von den Eltern nicht bekam, holt er aus der Umwelt, aus dem Reichtum der Natur, zu der auch Bäume, Tiere und nicht zuletzt die Musik gehören – als Möglichkeiten, mit sich selbst auch gefühlsmäßig ins Gespräch zu kommen und Identität zu gewinnen. Nach Erikson, dem ersten bedeutenden Identitätsforscher, sind Pubertät und Adoleszenz Lebensphasen, in denen eine erste Identität von gewisser Kontinuität und damit eine Treue zu sich selbst entwickelt wird, und diese Treue zu sich selbst wäre die Basis für jede künftige Beziehungsfähigkeit. (Eigentlich setzt diese neue Entwicklungsaufgabe voraus, dass das Kind ein „Urvertrauen" schon mitbringt, das aus einem hinreichend akzeptierenden Kontakt mit Mutter und Vater erwachsen ist. Falls diese Zuwendung gänzlich fehlte, fehlt eigentlich schon jetzt der stabile Boden, auf dem eine Treue zu sich selbst und zu anderen erwachsen könnte.)

Die verirrten Könige, die *Hans mein Igel* – wie das Märchen erzählt – dann später in der Wildnis des Waldes, in der er sich auskennt, begegnen und sich von ihm den Weg zeigen lassen müssen, könnten sein Selbstwertgefühl nachträglich aufgebessert haben; *Hans mein Igel* erweist sich hier als möglicher Berater von Königen! Sie sind Vaterfiguren, an deren Verlässlichkeit nun alles für ihn hängt, für ihn, der von seinem Vater so sehr im Stich gelassen wurde. Beide Könige haben ihm als Lohn für seine Hilfe ihre Tochter versprochen. Der eine König bricht jedoch sein Wort und enttäuscht das Vertrauen des Hans, wie einst der Vater es tat, und will ihm gar ans Leben, sobald er sich auf das Versprechen beruft, die Königstochter als Lohn für seine Beratung zu bekommen. *Hans mein Igel* ist erneut in seinem Selbstwert tief verwundet. In seiner Enttäuschungswut bedroht er den König, verschafft sich die Königstochter, die ihn doch verachtet, und lässt sie seine Stacheln spüren. Noch kennt er nur Vergeltung und Rache. Nähe ist ihm unmöglich.

Die Verlässlichkeit des anderen Königs vermag schließlich alles zu wenden, weil dieser ihm tatsächlich seine Tochter zuführt. Die Königstochter verachtet *Hans mein Igel* nicht, und wenn sie auch seine Stacheln noch fürchtet, sie vertraut sie sich ihm an. Angesichts ihrer Verwundbarkeit, in der sie ihn dennoch nicht abweist, erwacht seine Zärtlichkeit. Er tut das Unmögliche: Er reißt sich die Igelhaut ab – und kann ihre Nähe erfahren, weiß sich zum ersten Mal angenommen und geliebt. Am Tag darauf vermag er es, die Igelhaut zu verbrennen, schutzlos und nackt zu sein, sogar schwer verletzt vom schonungslosen Herunterreißen seiner Haut – alles, damit Liebe möglich wird.

Die eigene Verwundbarkeit könnte zu dem Wenigen gehören, woran keiner bei sich zweifelt. Um sie zu wissen schließt aber nicht aus, noch immer so tun, als ob man unverwundbar wäre – mit dem Risiko, reale Gefahr zu unterschätzen und damit gerade dem möglichen Gegner ins Messer zu laufen. Nehme ich meine Verwundbarkeit dagegen wahr, kann ich mich sinnvoll schützen.

Meine Identität gehört z.B. zu dem, was in der Begegnung mit anderen verwundbar, aber auch heilbar und versicherbar ist. Max Frisch notierte in seinem Tagebuch:

In gewissem Grad sind wir wirklich das Wesen, das die anderen in uns hineinsehen. Freunde wie Feinde. Und umgekehrt! Auch wir sind die Verfasser der anderen; wir sind auf eine heimliche und unentrinnbare Weise verantwortlich für das Gesicht, das sie uns zeigen, verantwortlich nicht für ihre Anlage, aber für die Ausschöpfung dieser Anlage.[3]

Erweist sich damit unsere Erfahrung von Identität – mehr, als wir gemeinhin annehmen – als ein Beziehungsvorgang? Gewiss ist sie nichts Statisches, sondern vielmehr ein dynamisches, elastisches Ergebnis eines Beziehungsprozesses von Spiegelung und Widerspiegelung unseres Selbsterlebens in anderen, in näheren oder ferneren Bezugspersonen. Daraus erwächst uns die Mitverantwortung für das Selbstwertgefühl der Menschen, mit denen wir zusammenleben und gemeinsam arbeiten: Es ist uns mit anvertraut, deren Identitäts- und Selbstwertgefühl zu heben oder zu mindern.

Auch wenn die „innengeleiteten" Anteile der Identität heutiger Menschen – zugunsten der „außengeleiteten", zu denen auch der modische Lifestyle gehört – immer geringer zu werden scheinen, so bleibt doch mit dem nicht austauschbaren Körperselbst, dem Körper, den wir haben, eine unverwechselbare innengeleitete Identität eines jeden und einer jeden von uns bestehen. Hier sind wir fraglos bei uns selbst zu Hause – es sei denn, wir hätten auch ein gestörtes Körpergefühl, was wieder mit unzureichenden oder unguten frühen Körperkontakten zu tun haben könnte, also mit verwundenden Beziehungserfahrungen. Wir haben eine Beziehungs- und Identitätsgeschichte mit unserem Körper.

Zu meiner Identität gehört unbedingt, wie wir schon am Körpererleben sehen, dass ich mich in meiner Lebenswelt hinreichend geborgen und beheimatet fühlen kann. Hierzu aber bedarf ich vor allem des Kontakts zu anderen Menschen, nicht nur im Sinne einer Partnerbeziehung, sondern im Sinne eines tragenden Beziehungsnetzes. Nur aus den sozialen Beziehungen heraus kann ein Zugehörigkeitsgefühl entstehen, wohin auch immer in der mobilen Welt von heute es mich verschlägt. Stehen wir nämlich in Beziehungen zu anderen Menschen wie auch zu uns selbst, so stehen wir zugleich in Beziehung zum ganzen Reichtum der Welt, zu der die Außenwelt mit ihrer vielfältigen Kultur und Geschichte, aber ebenso die Innenwelt mit ihren Emotionen, Imaginationen und Symbolen gehört.

Erlösung von Verwunschenheit in der Therapie

Befreiung aus der Selbstentfremdung hieße im Märchen Erlösung. Märchen sind nicht als Gebrauchsanweisung für die Therapie geschrieben, sondern, wenn schon, dann als Wegweisung für die wirklich gelebte und lebbare Liebe zwischen Mann und Frau, sie sind verdichtete Symbolgeschichten des wirklichen Lebens und meinen allen Ernstes archetypische Möglichkeiten der auch heute gelebten partnerschaftlichen Liebe. Auch wenn im Märchen die Möglichkeit, geliebte Menschen aus einer Verwunschenheit zu befreien, als einzigartige Chance speziell einer realen Partnerschaft gesehen wird, so ist dies mutatis mutandis doch auch auf die Möglichkeiten einer therapeutischen Beziehung und Behandlung übertragbar.

Schwerere Formen von Beziehungsstörung, wie sie in der narzisstischen oder auch der Borderline-Störung vorkommen, wird man nicht durch Partnerliebe allein auflösen, erlösen können, da im Bann dieser Störungsbilder eine echte Bezogenheit auf einen Partner, eine Partnerin noch gar nicht möglich erscheint. Die elementare Vorarbeit zu einer künftigen gelingenden Beziehung zwischen Partnern wird am Modell einer therapeutischen Beziehung zwischen Klient(in) und Therapeut(in) gerade erst geübt und ansatzweise erbracht. Die „Erlösergestalt" des Märchenhelden, der Märchenheldin, die in den alten symbolischen Erzählungen erscheint, wird zu Beginn und auch im Verlauf einer Therapie freilich oft vom Klienten auf den Therapeuten oder die Therapeutin projiziert. Es ist für die Therapeuten nicht ganz leicht, mit solchen Projektionen umzugehen. Wegdiskutieren lassen sie sich nicht, mit Argumenten ist ihnen nicht beizukommen. Besser ist es, die Erlösungssehnsucht und Erlöserprojektion als das Bedürfnis des Patienten, der Patientin zu akzeptieren, als das konkrete

Bedürfnis, endlich gesehen, verstanden und angenommen zu werden, auch in der verschatteten Gestalt, in der ein Leidender zunächst daherkommt, als Igel, Eselein, Frosch oder Ameise. Die Projektion anzunehmen darf aber nicht heißen, uns selbst als Therapeuten mit einer solchen Erlösergestalt zu verwechseln, sonst würden wir uns heillos übernehmen, in Hybris und Inflation verfallen und vor allem die Patienten an uns selbst binden und nicht an ihr tieferes Selbst – oder allenfalls an ein transpersonales Erlösersymbol, wie es der Christus oder auch der Buddha sind!!

In der Tiefenpsychologie und der Therapie, die aus ihr erwächst, sprechen wir von einem „verschatteten Selbst" (Asper) oder gar von einem „falschen Selbst" (Winnicott), wenn wir die verletzte und verbogene Gestalt meinen, die ein narzisstisch verwundeter Mensch hat, wenn er von seinen wichtigsten Bezugspersonen nie richtig gesehen und liebevoll gespiegelt wurde. Ihm fehlt denn auch der liebevolle Bezug zu sich selbst und damit der liebevolle Bezug zum Leben überhaupt. Meist verachtet er sich zutiefst und versucht, durch irgendeine auffällige Überkompensation Aufmerksamkeit und Zuwendung zu erhaschen. Oft schwankt ein solcher Mensch stark zwischen Selbstverachtung und Größenphantasien. Der Umgang mit einem derart geprägten Menschen ist auch im geschützten Rahmen einer Therapie zuerst oft recht mühsam. Da er sich selbst nicht gut ist, versteht er im Grunde nicht, was es heißen könnte, sich liebevoll auf einen anderen Menschen zu beziehen, und sei es in diesem Falle auch auf einen Therapeuten. Ihm fehlt ja gerade der Bezugspunkt zu sich selbst, der doch sogar noch in der christlichen Aufforderung steckt, seinen Nächsten wie sich selbst zu lieben. Wie sollte ein in solcher Art verwunschener Mensch, der sich selbst nicht liebt, dann andere lieben können? Narzisstisch verwundete Menschen haben deshalb naturgemäß die größten Beziehungsprobleme, was sich begreiflicherweise bis in die therapeutische Beziehung hinein auswirkt und auch dort nur durch geduldige liebevolle Spiegelung aufgefangen werden kann.

An dieser auffallend anhaltenden Beziehungsstörung, die sich auch zwischen Patient und Therapeut konstelliert, ist die so genannte narzisstische Störung geradezu diagnostisch zu erkennen. Gestört ist hier zuerst der Bezug nach innen, zum sogenannten „wahren Selbst" hin, das oft durch ein äußerlich angepasstes „Not-Ich" ersetzt wird – und gestört ist damit auch der Bezug zum Du und zur Mitwelt überhaupt. Letztlich ist der Bezug zum größeren Ganzen des Lebens, zum Leben selbst gestört. Aus einer so verschatteten Gestalt seiner selbst, seiner Dunkelgestalt heraus, schreit wohl so mancher nach Therapie wie nach „Erlösung" – und worum es in erster Linie gehen muss, das ist auch hier ein Vernehmen und Aufnehmen dieses Schreies. Auch hier geht es letztlich um Liebe, um liebevolle Zuwendung zu dem verwunschenen Menschen, zu der gewiss auch eine ehrliche Spiegelung der Schattengestalt gehört, in der dieser Mensch sich eben derzeit weiß. Anders könnte er sich in seiner Ausgangsbefindlichkeit gar nicht verstanden fühlen. Doch geht der therapeutische Blick über die uneigentliche Gestalt dieses Menschen hinaus zu seiner eigentlichen Gestalt, zu seinem originären Selbst, hin zu dem, „wie Gott es vielleicht gemeint hat" – im Sinne einer zarten Ahnung, die an diesen Menschen glaubt. Dem eigentlichen Selbst sich anzunähern kann für einen derart verwunschenen Menschen nur auf dem Erfahrungsweg gelingen, auf dem er die Selbstbegegnung und die Beziehungserfahrung, die er in der Therapie kennenlernt, anschließend auch in der Mitwelt und Umwelt draußen wagt und erprobt.

Für den Menschen, der bis dahin in seinem Leben zu wenig an Anerkennung, Wertschätzung und positiver Spiegelung erfuhr, ist das Wichtigste von allem, dass er sich in der Begegnung mit dem Therapeuten wahrgenommen fühlt und, zunächst in kleinen Schritten, solche Wahrnehmung und Achtsamkeit zu erwidern lernt. Dazu gehört für ihn auch die Äußerung negativer Gefühle wie Ablehnung und Widerspruch dem Therapeuten gegenüber, was für einen solchen beziehungsbangen und darin auch unerfahrenen Menschen oft besonders schwierig ist, weil er doch fürchtet, auf solche kritischen Äußerungen hin sofort wieder fallen gelassen zu werden. Der nächste Schritt für den Betroffenen aber wäre, sich von seinem verengten Ich auch einmal lösen zu können und sich hinüberschwingen zu lernen zu seinem eigentlichen Selbst, seiner eigenen Tiefe, die sich in Träumen, Imaginationen und Phantasien öffnet.

Von hier aus kann ein langsames Kennenlernen des authentischen eigenen Wesens erfolgen, immer begleitet, gespiegelt und bestätigt vom Therapeuten, von der Therapeutin; ein langsames Sich-Herauslösen aus bisherigen Zuschreibungen und ein Sich-Befreien aus Rollen, die schon die Bezugspersonen der Kindheit, Eltern und Erzieher-Autoritäten, diesem Menschen aufgeprägt und ihn dadurch „verwunschen" haben – so wie *Hans mein Igel* sich schließlich aus seiner Igelhaut, die er zugeschrieben bekam und mit der er verwachsen war, doch noch herauslösen kann. Es geschieht in dem Moment, in dem eine Frau ihn akzeptiert und ihn mit den Augen der Liebe spiegelt. Ähnlich löst sich mancher zum ersten Mal unter den liebevollen Augen seiner Therapeutin, seines Therapeuten aus seiner lebenslangen Igelhaut. Gegenüber der möglichen Partnerin, dem möglichen Partner draußen in „freier Wildbahn" der Beziehungen muss er es noch einmal neu lernen und wagen, doch hat er in der Therapie vielleicht ein Grundmodell von Bezogenheit aufeinander und von akzeptierender Spiegelung erfahren können, das sich übertragen lässt. Es geht letztlich auch darum, aus der egozentrischen Einengung des ganzen Lebens und Erlebens, das um sich selber kreist, solange die Verwunschenheit besteht, herauszukommen und einen freien Blick für die Weite von Mitwelt und Umwelt wiederzugewinnen.

Was eine solche gelöste Beziehung ausmacht und wie sie von einem erweiterten, auch spirituellem Erleben der Welt getragen sein kann, mag ein letztes Beispiel erweisen:

Von einem Urlaub im Tessin zurück, den sie dort gemeinsam verbracht hatten, täglich an die vier Stunden in den Bergen wandernd, erzählte die Frau, dass es meistens einfach nur sehr schön gewesen sei, diese Bergnatur zusammen zu genießen – aber manchmal sei etwas ganz Besonderes hinzugekommen: „Dann war es auf einmal, als gäbe es gar keine Abgrenzung mehr zwischen uns und den Bäumen, zwischen den Sträuchern und den Blumen. Es war, als hätten sie mit ihren Blättern und Blüten Hände, die sich liebevoll nach uns beiden ausstreckten, als wollten sie uns streicheln. Mich überkam eine solche Zärtlichkeit zu ihnen", beschreibt die Frau, „wie ich sie sonst nur gegenüber meinem Mann kenne. Ich streichelte sie auch, diese Büsche und Bäume." Etwas wie eine „kosmische Zärtlichkeit" habe sie auf einmal erfasst, als sie da miteinander wanderten. Die Zärtlichkeit, die sie zuerst aneinander erfuhren und kannten, weitete sich aus gegenüber allem Lebendigen, das darauf antwortete und sie umfing.

So gibt es auch hier und heute immer wieder die seltene Liebeskraft, in der das „Verwunschene" sich zu lösen vermag, wie es die Märchen wissen.

Diese Zärtlichkeit gegenüber allem Lebendigen, die aus der Erfahrung der Einen Wirklichkeit herrührt und sich in der Begegnung von Mann und Frau vollzieht, ist eine mystische Erfahrung. Diese Frau hat sie mit ihrem Mann gemeinsam erlebt: Die „kosmische Zärtlichkeit" entspringt ihrer beider Liebe zueinander, in der sie zuerst erfahrbar wurde.[4]

Magische Momente zwischen Männern und Frauen

Ang Lee und Theodor Seifert

„Ich seh dir in die Augen, Kleines", sagt Humphrey Bogart im Film *Casablanca* zu Ingrid Bergman, die mit Tränen in den Augen zu ihm aufschaut; sie küssen und sie trennen sich. Wer diesen im Jahr 1942 in den Wirren des Zweiten Weltkriegs gedrehten Film gesehen hat, vergisst diese Szene nicht, sie hat viele Menschen sehr bewegt – auch wenn sie natürlich wissen, dass es „nur" Filmhandlung und vielleicht auch ein bisschen kitschig ist. Etwas Ähnliches hat der Film *Doktor Schiwago* (nach dem Roman des russischen Schriftstellers und Literaturnobelpreisträgers Boris Pasternak) in vielen Menschen ausgelöst, und die tragende Filmmelodie, die den Namen der weiblichen Hauptrolle, *Lara*, trägt, ist auch heute noch im Radio zu hören. In beiden Filmen geht es um eine „unglückliche" Liebe, denn dem Filmpaar ist kein gemeinsames Leben möglich; die Liebenden werden und bleiben getrennt. Und um noch einen dritten Film zu nennen: *Vom Winde verweht*. Auch in diesem alten Klassiker, in dem es ebenfalls um Kriegswirren, damals den amerikanischen Bürgerkrieg, geht, bleibt die Liebe zwischen Scarlett O'Hara und Rhett Butler letztlich unerfüllt.

Warum sind diese Filme so bekannt und die entsprechenden Szenen der Liebespaare so unvergesslich geworden? Es geht zwar vordergründig um dramatische Zeitgeschichte, doch die darunter liegende Faszination gilt den Liebespaaren, die getrennt werden und denen kein alltägliches Zusammenleben beschieden ist. Und dennoch, die Zuschauer wissen es, die jeweiligen beiden Partner werden einander nie vergessen, sie werden *die* Liebe ihres Lebens stets in ihrem Herzen wachhalten. Warum ist das so und was fesselt uns so daran?

Was geschieht, wenn man sich einmal ganz bewusst die Szene „Ich seh dir in die Augen, Kleines" anschaut? Ist es da nicht so, als verlören die beiden Schauspieler ihre vorgesehene Filmrolle und würden zu unpersönlichen Gestalten, die auch andere Namen tragen könnten, zum Beispiel „Amor" und „Psyche", wie das Ur-Paar aller Liebesbeziehungen heißt? Als verkörperten sie ein „archetypisches" Paar, also eines, das Grundzüge des allgemein Menschlichen hat, wie es bei jeder Frau und jedem Mann zu finden ist, zeigt? Wen sieht „Psyche" (Ingrid Bergman), wenn sie „Amor" (Humphrey Bogart) anschaut? Einen ihr fremden Mann, mit dem sie zwar eine leidenschaftliche Affäre hatte, der ihr sonst aber unbekannt blieb? Wen erkennt Lara in Doktor Schiwago und wen sieht Rhett Butler in Scarlett O'Hara? Wenn man diese Bilder länger auf sich wirken lässt, kann die Vermutung auftauchen, dass die Liebenden nicht nur ein Gegenüber sehen, das sie gerade erst kennengelernt haben. Man könnte annehmen, dass sie etwas in den Augen des anderen entdecken, das ihnen schon lange, sehr, sehr lange, vielleicht sogar „schon immer" bekannt ist. Was verbirgt sich in diesen Augen-Blicken oder was verbirgt sich vielleicht gerade nicht mehr?

Paare, die solche magischen Momente erlebt haben, können nicht erklären, was es eigentlich ist, das sie ergriffen hat, aber sie würden dieses „Wunder" nie, „nicht für alles in der Welt" missen wollen. „Allein dafür hat sich mein Leben schon gelohnt", sagte eine Frau, die dem neuen Deutschlehrer ihrer Tochter zum ersten Mal gegenüberstand. Sie schauten sich an – „mir kam es wie eine Ewigkeit vor", berichtete sie. „Aber von außen betrachtet war es ganz normal, es waren nur einige Sekunden. Dennoch hat dieser Blick mein Leben verändert." Es ist nichts weiter geschehen zwischen diesen beiden Menschen. Sie begegnen sich, wie es üblich ist, bei Elternabenden oder auch einmal bei einer persönlichen Besprechung. Doch da ist eine seltsame Vertrautheit, die beide spüren. „So als kennten wir uns schon aus einem anderen Leben." Diese Frau ist nicht Buddhistin, sie glaubt nicht an Reinkarnation, aber sie weiß, dass dieser Mann kein „Unbekannter" für sie ist. „Es gibt etwas Gemeinsames, etwas, das uns auf einer mir vorher nicht bewusst gewesenen Ebene verbindet." Was ist es? „Ich kann es nicht im Einzelnen beschreiben, es ist einfach eine große Vertrautheit." Sieht er denn jemandem aus Ihrer Vergangenheit ähnlich? Hat er etwas von Ihrem Vater oder Ihrer Mutter? „Nein, ich sehe keine Ähnlichkeit zwischen ihm und meinen Eltern oder jemandem aus meiner Familie." Dennoch kann natürlich ein nicht bewusst wahrgenommener Wesenszug von Vater oder Mutter, vielleicht ein winziger mimischer Ausdruck, eine flüchtige Geste vorhanden sein. Doch viel wahrscheinlicher ist, dass in ihr selbst etwas „west", etwas von ihrem bisher von ihr unentdeckt gebliebenen innersten Wesen in diesem Gegenüber spürbar wird.

Was immer es sein mag: ihr Leben ist durch diese Erfahrung reicher geworden. „Nicht unbedingt leichter", sagte sie, „aber so viel lebendiger, so viel intensiver; die Welt ist sinnlich geworden, reicher, vielschichtiger – wenn es auch manchmal weh tut, dass wir nicht den ganz normalen Alltag miteinander leben können, dass wir vor allem keine gemeinsamen Nächte haben."

Das klingt, als sei sie ihrer ganz großen Liebe begegnet. Aber muss es denn eine versagende Liebe sein, so wie in den drei berühmten Filmen? Eine Liebe, die sich nicht im ganz gewöhnlichen Alltag realisieren lässt? In der großen Weltliteratur scheint es so zu sein: Romeo und Julia, Tristan und Isolde, Othello und Desdemona sind die bekanntesten Beispiele. In den Märchen allerdings finden sich nicht nur die Paare am Ende, sondern es sieht so aus, als würden sie ein ganzes Leben lang glücklich miteinander verbringen. Aber es geschieht ja sowieso viel Unwahrscheinliches in diesen „märchenhaften" Geschichten. Doch wie sieht es im wirklichen Leben aus?

Eines der tiefgründigsten hier schon einmal zitierten Liebes-gedichte stammt von Rainer Maria Rilke:

> *Wie soll ich meine Seele halten, daß*
> *sie nicht an deine rührt? Wie soll ich sie*
> *hinheben über dich zu andern Dingen?*
> *Ach, gerne möcht ich sie bei irgendwas*
> *Verlorenem im Dunkel unterbringen*
> *an einer fremden stillen Stelle, die*
> *nicht weiterschwingt, wenn deine Tiefen schwingen.*
> *Doch alles, was uns anrührt, dich und mich,*
> *nimmt uns zusammen wie ein Bogenstrich,*
> *der aus zwei Saiten eine Stimme zieht.*
> *Auf welches Instrument sind wir gespannt?*
> *Und welcher Geiger hat uns in der Hand?*
> *O süßes Lied.*[1]

Rilke nannte dieses Gedicht *Liebes-Lied*. Klingt es aber nicht eigentlich wie eine Liebes-Klage oder gar eine Lebens-Klage? Er möchte seine Seele bei sich halten, ja, sie lieber irgendwo im Verborgenem, im Dunkel unterbringen, als sie in einem Anderen schwingen zu lassen. In diesem Wunsch ist sicher eine Angst vor Offenheit und Nähe verborgen. Lieber bleib ich ganz in mir verschlossen, auch wenn es Dunkel und Ver-lorenheit bedeutet, als dass ich mich dem Anderen öffne, mich in seine Tiefen wage. Wenn man Rilkes Lebensgeschichte etwas genauer kennt, weiß man, was der Grund für diese Unsicherheit und Ängstlichkeit war, die er nie überwunden hat. Als einziger Sohn seiner Eltern, die sich trennten, als er neun Jahre alt war, musste er von Anfang an deren Unglück in sich aufnehmen. Seine Mutter konnte den Tod ihres ersten Kindes, eines Mädchens, das eine Woche nach der Geburt starb, nicht überwinden. Sie sah in dem Kleinen die verlorene Tochter und nannte ihn René, den Wiedergeborenen, ließ seine Haare lang wachsen und zog ihm Kleidchen an. Dieser Junge konnte sich also nicht wirklich in seine Männlichkeit hinein entwickeln, er litt zeitlebens unter einer entsprechenden Identitätsstörung und einem tief verwundeten Narzissmus, sein Selbstgefühl war also „unterhöhlt" – im Dunkel, im Verlorenen geblieben.

Die „gute Mutter", die optimistische, im Leben Halt gebende Kraft blieb ihm versagt, und so wundert es nicht, dass er sein Leben lang nach ihr auf der Suche war – so wie es alle Männer sind, die nicht das Glück hatten, von der ersten Frau in ihrem Leben voller Stolz ins Dasein hineingetragen zu werden. Nur aus einer gelungenen, positiven Mutterbeziehung heraus können Männer optimistisch ihren Lebensweg antreten. Ähnlich ist es bei den Frauen mit den Vätern. Es ist demnach sehr gut nachzuvollziehen, dass René Rilke sich in die strahlende, selbstbewusste 36-jährige Lou Andreas-Salomé verliebte, als er 21 Jahre alt war. Er schien die ihn stützende gute Mutter gefunden zu haben. Sigmund Freud, mit dem beide persönlich vertraut waren, sagte später, Lou sei ihm, Rilke, sowohl Muse als auch sorgsame Mutter gewesen.

Als Erstes ließ sie ihn seinen Vornamen von René in Rainer ändern – dieser sei männlicher, meinte sie. Lou erkannte auch den gewaltigen schöpferischen Geist, der ihn regelrecht durch sein Leben trieb, die hohe künstlerische Begabung, die er allerdings nicht genießen konnte, sondern die ihn sowohl drängte als auch quälte. Mit starken, hypochondrischen

Ängsten musste er durch sein nur 51 Jahre währendes Leben gehen und er konnte es im Grunde nicht überwinden, dass Lou sich nach einer etwa zweijährigen, allerdings tiefen sexuellen Beziehung von ihm trennte. Sie blieben dennoch befreundet, auch mit Lous Ehemann, Carl Friedrich Andreas, unterhielten einen regen Briefwechsel, aber Lou konnte ihm nicht wirklich helfen, so sehr er sie auch darum bat. Lou Andreas-Salomé hatte sich inzwischen in der Psychoanalyse bei Sigmund Freud und in dessen Kreis weitergebildet, und Rilke hoffte, sie könnte ihm mit ihren psychoanalytischen Kenntnissen beistehen. Er überlegte mit ihr zusammen, ob er eine Psychoanalyse machen sollte, doch sie riet ihm entschieden davon ab. Sie meinte, sein künstlerisches Schaffen könnte dadurch beeinträchtigt werden. Bei dieser Frage hörte er auf sie, nicht aber bei der Frage, ob er heiraten solle. Sie riet ihm davon ab, er heiratete dennoch, und die Ehe blieb auch bis zu seinem Lebensende bestehen, aber schon nach einem Jahr trennte sich das Paar.

Diese hier sehr verkürzt dargestellte Biographie des Dichters zeigt, dass die Selbstfindung – gerade des hochbegabten Menschen – keineswegs einfach ist und manchmal eine intensive, bis in die eigenen Tiefen hineinreichende Liebesbeziehung braucht. Man kann sagen: Je reichhaltiger das Begabungspotential eines Menschen ist, desto stärker scheint er auf eine entsprechende Liebesbeziehung angewiesen zu sein. Oder anders gesagt: Was im Selbst eines Menschen angelegt ist, kann sich am besten in der Hinwendung zu einem und in der Auseinandersetzung mit einem entsprechend gepolten Anderen entfalten. In unserer Kultur geschieht dies in der Regel zwischen Frau und Mann, denn unser geistiger Hintergrund sind die Mythen der antiken griechischen Götterwelt. Und da spielten sich ja bekanntlich die ganz großen Dramen ab: kaum eine weibliche Gestalt, die nicht einmal geraubt und vergewaltigt, und kaum ein männliches Wesen, das nicht getäuscht und überlistet worden wäre. In dieser Mythologie geht es um nichts anderes als um die heterosexuellen Beziehungen zwischen den Göttern und Göttinnen und die jeweils entsprechenden Gefühlszuschreibungen, insbesondere Eifersucht und Rache. Von Gerechtigkeit oder ethischem Verantwortungsbewusstsein, auch in der von ihnen abhängigen Menschheit, finden wir weit und breit keine Spur. Im Vergleich zu den alten indischen Mythen, in denen die einzelnen, ebenfalls weiblich und männlich gedachten Gottheiten als Prinzipien der Urenergien, des Bewegten und des in sich Ruhenden beschrieben werden, toben die Olympier im alten Griechenland alle Leidenschaften, Begierden und Intrigen aus; im Grunde geht es nur um Konkurrenz und persönliche Macht. Kommt uns das irgendwie bekannt vor?

Aber dann kam Platon. Neben vielem anderen lehrte er die Menschen, die sich um ihn versammelten, eine neue Sicht der Liebe: Außer der rein sexuellen Liebe, die der Fortpflanzung dient, kann man noch eine Liebe kultivieren, die darüber hinausgeht, gleichsam eine höhere Stufe erreicht. Auf diese Ebene gelange man, indem man sich – geführt von einer Frau, er nennt sie „Diotima“ – um das Schöne und Wahre bemühe.

Diese Diotima soll in der Stadt Metaneira gelebt haben, aber man weiß nicht, ob es sie wirklich gab oder ob Platon sie als symbolträchtige Gestalt erfand. In seinem bekannten Werk *Symposion*, „Gastmahl“, das er als Dialog geschrieben hatte – der Physiker und Nobelpreisträger David Bohm plädiert heute für diese Form menschlicher Begegnung, in der es um ein Miteinander und nicht um das vielfach gebräuchliche Gegeneinander geht –, belehrt sie Platons Meister und Vorbild Sokrates über das Wesen des Eros. Sentimentales Schwärmen der Männer, Eros sei der große, schöne Gott, der alles veredelt, verschönert, harmonisiert, vereinigt und beglückt, weist sie zurück und legt dar, dass diese Begriffe nicht ausreichen, Eros als den

„Daimon", den Mittler zwischen Gott und Mensch, dem Göttlichen im Menschen zu beschreiben. Diotima packt ihr Thema realistisch an und vergleicht das seelische Eros-Geschehen mit einer leiblichen Geburt. So wie durch den Samen des Mannes und das Ei der Frau ein Kind entsteht, so bewirkt Eros das Mysterium der geistigen Schwangerschaft:

„Nicht Leiber, die weiter ausgetragen werden müssen, sondern Werke sollen geboren werden. Je höher der erreichte Grad der Schönheit, in der der Schwangere schöpferisch wird, um so vollkommener das Werk. Auch er selbst wird immer stärker und größer. Angesichts des Schönen selbst gebiert er seine eigene Vollkommenheit, die wahre Arete: Er gebiert sich selbst zum Freunde der Götter und zu einem der Unsterblichen. Das ist die höchste Erfüllung des Eros, des Mittlers zwischen Unsterblichen und Sterblichen. Denn er ist der stiftende und treibende Geist jener Schwangerschaft, die sich in dieser einzigartigen Geburt, wie in der Wiedergeburt eines Eingeweihten als göttliches Wesen, löst."[2]

Eine solche Art Wiedergeburt erlebte auch die Frau, als sie dem Deutschlehrer ihrer Tochter in die Augen schaute, „so als kennten sie sich schon aus einem anderen Leben".

Platon meinte, diese höhere Stufe der Liebe sei nur unter Gleichen möglich. Er sah schon damals das, was Rilke sehr viel später mit den Worten beschrieb: „… die nicht weiterschwingt, wenn deine Tiefen schwingen …"

Warum aber wollte Rilke gerade nicht, was für andere Menschen – solche Erlebnisse werden häufig berichtet – ein wundersames Geschehen ist, das sie nicht missen wollen? Kann es sein, dass es in dieser Hinsicht einen wesentlichen Unterschied zwischen Männern und Frauen gibt? In der Tat kennen wir derartige Berichte überwiegend von Frauen. Und dabei ist es gleichgültig, ob sie verheiratet, jung oder schon älter sind, ob sie allein leben oder in einer – durchaus auch sehr guten –

Partnerschaft. Möglicherweise sind Frauen empfänglicher für rein seelische Prozesse. Nicht von ungefähr wählt Platon eine Frau, Diotima, um diese Art der Liebe darzustellen. Vielleicht sind Männer ja auch stärker von ihrer Sexualität abhängig. Sie wollen mit der Frau, in die sie sich verlieben, meistens auch ins Bett – woran ja überhaupt nichts auszusetzen ist, und sehr viele magische Momente sind der Auftakt zu einer leidenschaftlichen sexuell-erotischen Begegnung. Auch Rilke gelang es, Lou Andreas-Salomé zu seiner körperlich-erotischen Geliebten zu machen, obwohl Lou nie besonders an Sex interessiert war. Sie hatte durchaus auch sexuelle Beziehungen, doch das Seelisch-Geistige, das sie mit den vielen männlichen Freunden und Bekannten lebte – es gab auch einige intensive Frauenfreundschaften, vor allem später mit Anna Freud, der Tochter Sigmund Freuds –, stand bei ihr immer an erster Stelle. Erstaunlich ist, dass sie mit ihrem Ehemann Friedrich Carl Andreas, mit dem sie 43 Jahre lang verheiratet war, keine sexuelle Beziehung hatte. Zu Beginn ihrer Ehe hat ihr Mann unter dieser ihrer Bedingung für das Zusammenleben sehr gelitten, doch schließlich akzeptierte er sie, weil beide sich in einer tiefen seelischen Gemeinsamkeit – unter seelisch Gleichen! – gut aufgehoben und geborgen fühlten. Die Tochter, die Friedrich Carl dann mit der Haushälterin hatte, zogen sie sehr liebevoll zu dritt in ihrem Haus in Göttingen auf. Nachdem viel später Friedrich Carl Andreas gestorben war, adoptierte Lou die inzwischen herangewachsene junge Frau. Sie hieß Maria Apel; beide verband eine herzliche Freundschaft, und Maria pflegte Lou bis zu ihrem Tod.

Vieles ist also möglich in Liebesbeziehungen zwischen Mann und Frau. Ob mit oder ohne Sex, die Seele spielt immer die Hauptrolle, und der Geist gesellt sich auch dazu. Gerade für Männer, insbesondere für künstlerisch tätige Männer, ist die Liebesbeziehung zu einer Frau unabdingbar. Besser noch, von

Seiten des Mannes, zu zwei – manchmal auch gleichzeitig zu mehreren – Frauen. Was wäre zum Beispiel der Münchner Komiker Karl Valentin ohne seine Liesl Karlstadt gewesen, die mit bürgerlichem Namen Elisabeth Wellano hieß?

„Für Karl Valentin treffen im Jahr 1911 zwei wichtige Ereignisse zusammen. Er heiratet die Mutter seiner beiden Töchter, Gisela Royes, und er lernt Elisabeth Wellano kennen. Für einen wie ihn, den das Schicksal immer hart am Abgrund entlangführt, sind zwei Frauen das Allermindeste. Zwei halten mehr aus als eine, und wenn sie schon nicht den Mund halten, so halten sie ihn doch fest, stabilisieren, zivilisieren und revitalisieren ihn, wärmen und umsorgen ihn, bilden einen Puffer zwischen Mann und Welt, lassen ihn, wenn nicht zur Ruhe, so doch immerhin gelegentlich zu Atem kommen. Kurz und gut: Das Leben als hochgefährliche Angelegenheit, das es ist, wird überhaupt für ihn erst möglich durch seine beiden Frauen. Da wiegt das Ärgernis, das die eine für die andere darstellt, ganz gering, denn was für ein Ärgernis hätte eine jede, so sagt Karl Valentin, wenn sie einen wie ihn ganz alleine am Hals hätte."[3]

Ist das nicht der Traum vieler Männer: eine Frau für das profane Alltagsleben – für die Kinder, das Essen, die frisch gewaschenen und gebügelten Hemden – und eine für Sonstiges – für die geistigen Höhen und seelischen Tiefen? Sex können sie mit beiden haben, den können sie, mehr oder weniger, wahllos verteilen. Offenbar trauen Männer den Frauen nicht zu, dass sie sich souverän in beiden Sphären bewegen können, in der Sphäre des arbeitsreichen Werktags und der des heiligen Sonntags der Beziehung.

Doch auch vielen Frauen gelingt dieses Sichausspannen ihrer selbst durchaus sehr gut – in der Beziehung zu zwei Männern. Denn nicht nur Männer, wie allgemein angenommen wird, verbringen die erotisch aufregenden Zeiten mit einer – meist heimlichen – Geliebten, auch Frauen suchen sich für die erhebenden Momente ihres Lebens den dafür geeigneten Mann. Warum, fragt man sich, ist nicht alles zusammen – Kinder, Küche, Hemden, Beruf und Karriere – in *einer* Beziehung möglich? Doch, das ist möglich – aber das andere, die Aufteilung der profanen und der heiligen Bereiche, ist einfach aufregender. Meistens aber auch leidvoller – für alle Beteiligten, vor allem für die Kinder, wenn welche da sind.

Es gibt jedoch, das soll hier nicht verschwiegen werden, Ehen, die nicht nur ein Leben lang halten, sondern in denen auch ein gemeinsames Leben lang beide erfüllt und voller Liebe füreinander sind. In denen der spirituelle Geist den profanen Alltag still und friedvoll durchzieht. Und die von den jeweiligen Paaren nicht als langweilig bezeichnet werden. Ja, wirklich – solche Ehen gibt es. Was ist ihr Geheimnis? Wir kommen später noch darauf zurück. Lou Salomé und Friedrich Carl Andreas haben, ihrer beider Biografie nach, eine solche Ehe geführt. Allerdings nachdem sich beide, in, zum Teil auch heftigen, inneren Kämpfen und auch äußeren Auseinandersetzungen, zu dieser, ihrer speziellen Lebensweise durchgerungen haben.[4]

Hier stellt sich jetzt natürlich die Frage: Ja braucht es das denn überhaupt, dieses erregend Andere der Beziehung, das, was über den normalen Alltag hinausgeht? Braucht es die „totale Faszination", den „ultimativen Kick", die „Schmetterlinge im Bauch", das „Fahrstuhlgefühl"? Man kann doch auch ohne das Berauschende, das Brennen miteinander zufrieden und glücklich sein. Im Gegenteil: mündet es nicht gerade ins Unglücklichsein, ja, manchmal gar in tiefe Verzweiflung, wenn der Sturm des Verliebtseins abebbt, sich auf ein niederes Niveau einpendelt, weil das menschliche Gefühl ebenso wie ein Automotor nicht ständig auf Hochtouren laufen kann?

Viele Menschen erleben das Hochgefühl der Liebe nie und können trotzdem froh und heiter durch ihr Leben gehen, sagen, dass sie nichts vermissen oder vermisst haben. Also, wozu wirft das Schicksal manche Menschen sozusagen hoch in die Luft, um sie dann entweder mit einem schmerzhaften Sturz in ein seelisches Tief fallen oder – wie schön! – sanft auf einer bestimmten Ebene landen zu lassen? Warum ist manchen Menschen ein emotional eher gleichmäßiges Leben beschieden, anderen dagegen eines, das sich anfühlt wie eine steile Berg- und Talfahrt?

Diese Frage kann man nicht pauschal beantworten, denn es ist die Frage nach dem Schicksal jedes Einzelnen, gestellt im Erschauern angesichts der Unergründlichkeit und auch Unerbittlichkeit dieser allen Menschen gemeinsamen Lebenserfahrung. Tiefgründige Künstler wie Rilke haben sich auf die Suche nach einer Antwort auf die Frage des Sinns begeben, der in den unterschiedlichen Bestimmungen liegt:

Die Liebenden

Sieh, wie sie zu einander erwachsen:
in ihren Adern wird alles Geist.
Ihre Gestalten beben wie Achsen,
um die es heiß und hinreißend kreist.
Dürstende, und sie bekommen zu trinken.
Wache, und sieh: sie bekommen zu sehn.
Laß sie ineinander sinken,
um einander zu überstehn.[5]

Siegfried Unseld meint zu diesem Gedicht, das Wesen der Liebe beruhe für Rilke nicht im Gemeinsamen, sondern darin, dass einer den anderen zwingt, etwas zu werden, unendlich viel zu werden, das Äußerste zu werden, wozu seine Kräfte reichen.[6] Wäre das der Sinn von Liebesbeziehungen ganz allgemein – gleichgültig, ob sie glücklich oder unglücklich sind, ob sie sich im Alltag abspielen oder nur im eigenen Herzen –, dass die

Liebenden gezwungen werden, etwas und möglichst unendlich viel zu werden? Und liegt genau darin der spirituelle Wert der Paarbeziehungen? Enthalten die Worte „Sieh, wie sie zueinander erwachsen" nicht den Hinweis auf die Tätigkeit der Seele, die wir Projektion nennen, nämlich die Aufmerksamkeit stets dorthin zu lenken, wo ein Aspekt der eigenen Persönlichkeit angesprochen ist?

Wenden wir uns noch ganz kurz der Hirnforschung zu. Aus diesem heute für viele Menschen interessanten Forschungsgebiet wissen wir, dass es im Gehirn lebender Wesen eine Ansammlung von hoch erregbaren Nervenzellen gibt, welche die so genannten Basisemotionen steuern. Diese sind nicht nur für das Überleben entscheidend, sondern auch für die Selbstoptimierung. Da gibt es zum Beispiel das Suchsystem, manchmal auch „Belohnungssystem" genannt. Wenn es aktiviert ist, spürt das Lebewesen ein waches Interesse an seiner Umgebung, es ist neugierig und von freudiger Erwartung erfüllt. Es will Unbekanntes erforschen und spielen, aber auch mit anderen, möglichst gleich Starken oder auch Stärkeren sich balgen und raufen. Kommt von daher die oft von Paaren gegebene Beschreibung eines Lebensabschnitts: „Wir haben uns zusammengerauft"? Die Seele sucht also entsprechend der Neurophysiologie des Organismus das, was sie optimiert, was sie vollendet. Schauen wir uns diesen Prozess einmal bei zwei Tierkindern an, nehmen wir kleine Bären, weil sie gar zu drollig aussehen. In der freien Natur gibt es nur einen Grund für das Spielen: Lernen, um zu überleben, miteinander raufen, um seine eigenen Stärken aufzubauen. Das kann ein Tierkind nicht allein, es braucht ein oder mehrere Geschwister, um zu trainieren, und vor allem auch die Mutter, die ihm die nötigen Strategien zeigt.

Warum sollte es bei den menschlichen Wesen anders sein? Jeder braucht, nicht nur als Kleinkind, sondern ein ganzes langes Leben lang, einen anderen Menschen, mit dem er spielen, balgen und raufen kann, an dem er seine eigenen Kräfte misst, mit dem er auch konkurriert, an dem er abliest, wie geschickt er für dieses und jenes ist, von dem er lernt und mit dem er die Erfahrungen sammelt, die das Leben letztendlich ausmachen. Das aber bedeutet nicht, dass jedes Lebewesen lernt, genauso zu sein wie sein Gegenüber, sondern zu dem zu werden, was in ihm selbst angelegt ist. Jeder kleine Bär wird sich, wenn er erwachsen ist, von allen anderen Bären unterscheiden, weil er, während er übt, ein Bär zu werden, der in der Wildnis überleben kann, das nur auf seine eigene Art und Weise tun kann. Er wird nie die Kopie des Gegenübers, er wird nie genauso wie seine Mutter oder seine Geschwister sein. Er wird immer nur er selbst sein; sonst wäre er ja geklont.

Ich kann also immer nur Ich werden und du wirst Du. Aber um möglichst genau Ich werden zu können, mit all den Facetten, die in mir angelegt sind, brauche ich dich als ein Gegenüber, genauso, wie du in dir angelegt bist. Manchmal, wenn man Glück hat, begegnet man im Laufe seines Lebens einem Menschen, der „aus demselben Stall" zu kommen scheint, einen, den man „am Stallgeruch" erkennt, um das einmal in der bäuerlichen Sprache auszudrücken. Das ist wohl ein entscheidender Unterschied zwischen Tier und Mensch: Wir können ein höheres Bewusstsein entwickeln, als dies den Tieren möglich ist. Wir können in unserem Gegenüber nicht nur einen gleichartigen Partner erkennen, also einen anderen Menschen, sondern wir können in einem bestimmten Anderen etwas entdecken, das uns sehr ähnlich ist: etwas Aufregendes, scheinbar Neues und doch irgendwie auch Vertrautes. „Der ist wie ich, nur ein bisschen neuer oder ein bisschen besser", mag man denken, wenn man einem entsprechenden, zwar nicht gesuchten, aber schließlich gefundenen Menschen gegenübersteht. Dann erlebt man den „magischen Moment".

Hier geschieht etwas, das wir ähnlich aus den scheinbaren Zu-
fällen kennen. Wir denken an jemanden, den wir viele Jahre lang
nicht gesehen und mit dem wir keinen Kontakt mehr haben,
und in diesem Augenblick ruft er an! „So ein Zufall", denken
und sagen wir. Und wir wissen, nicht die Kausalität, die üblicherweise stattfindende Abfolge von Ursache und Wirkung,
kommt für dieses Geschehen in Frage, sondern die Finalität, das
heißt, der einen Zweck bestimmende Zusammenhang ist hier
wirksam. C. G. Jung nannte solche Phänomene Synchronizi-
täten. Er verstand darunter Ereignisse, die nicht kausal, sondern durch einen gemeinsamen Sinn verknüpft sind.

Zwei kleine, scheinbar banale Episoden sollen dies erläutern.

Eine Frau berichtet:

„Vor einigen Tagen traf ich auf dem Heimweg eine Nachbarin,
die mich fragte, ob ich noch leere Blumentöpfe brauche. Sie
habe vom Pflanzen noch welche übrig. Ich antwortete: ‚Nein,
alle meine Blumen sind versorgt.' Als ich aber zu Hause ein-
traf, sah ich, dass der Wind im oberen Stockwerk alle Fenster
aufgestoßen hatte – ich vergaß, sie zu schließen, bevor ich das
Haus verlassen hatte – und einige Blumentöpfe zerbrochen
auf dem Boden lagen. Ich rief natürlich gleich meine Nachbarin an und sagte, ich würde nun doch gern ihr Angebot annehmen."

Diesem Erlebnis maß die Frau noch keine besondere Bedeutung bei, aber als sie am nächsten Tag Folgendes erlebte, wurde
sie nachdenklich:

„Ich ging mit einem Rezept für meinen Mann – er war nach
einem längeren Krankenhausaufenthalt wegen eines Herz-
infarkts wieder nach Hause gekommen, musste aber weiter
verschiedene Medikamente nehmen – zur Apotheke. Auf dem
Weg dorthin überlegte ich, wie ich ihm die Tabletten zerklei-
nern könnte, weil er sie als ganze nicht schlucken kann. Zu
meiner großen Überraschung überreichte mir der Apotheker

als Werbegeschenk einen kleinen Mörser. Er wusste aber nichts von meinem Problem, das für mich jetzt gelöst war."

Dieser Frau war aufgrund der beiden Erlebnisse kurz hintereinander ein bisschen unheimlich zumute, und sie fragte: „Wie kann es sein, dass sich mir – einfach so – fertige Lösungen für beide Situationen anboten? Ich musste die Lösungen nicht selbst finden – sie kamen von sich aus zu mir."

„Von sich aus?" Was heißt das? Was geschieht, woher geschieht es, wenn mir plötzlich etwas zufällt, das ich gerade – mehr oder weniger dringend – brauche? Ist das „reiner Zufall"? Oder Schicksal?

Und plötzlich befinden wir uns in einem spirituellen Raum. Die Welt wird, wenigstens für Augenblicke oder eine Zeit lang, wie transparent; ein Zauber umgibt die Menschen, die dies erleben. Da wird eine Qualität des Lebens offenbar, die letztlich dem Dasein seinen Sinn gibt.

Dieser Frau wurde aufgrund des Erlebten plötzlich klar, was die Menschen, mit denen sie lebt, für sie bedeuten. Das Bewusstwerden ihrer Beziehungen weitete ihr Herz. Sie spürte erneut die tiefe Liebe zu ihrem Mann und die Dankbarkeit, in einer guten Nachbarschaft leben zu dürfen. Ähnlich ging es der Frau, die sich in den Deutschlehrer der Tochter verliebte. Ihr Alltag, der ihr bis dahin ziemlich eintönig vorkam, erhielt eine Intensität, einen überraschenden Glanz.

Wir glauben, dass die meisten Menschen ein derartiges Erlebnis im Laufe ihres Lebens haben. Oft wird es ihnen allerdings nicht bewusst. Aber nach unserer Erfahrung fällt den meisten sofort eine entsprechende Situation ein, wenn man sie danach fragt. Es kann auch nicht anders sein, weil die Seele, wie gesagt, immer nach Selbstverwirklichung Ausschau hält. Das Potential in einem Menschen möchte sich entfalten, so wie es jede Blüte in sich trägt und „verwirklicht". Warum sollten wir es nicht tun, wenn es doch das Gebot des Lebens ist? Entfaltung,

Verwirklichung, Optimierung, Individuation – es gibt viele Begriffe für dieses ganz natürliche Geschehen. Und da, wo es Naturgesetze gibt, sind auch die Voraussetzungen für deren Erfüllung vorhanden.

Von außen gesehen „gehören immer zwei dazu", so sagt man. Das stimmt auch in einer Hinsicht. Aber es gibt in Beziehungen noch eine andere, die innere Seite. In meinen Reaktionen auf den Partner erlebe ich immer auch mich selbst. Das Ich im Du, ich und du, ist der grundlegende Archetyp der Beziehung und damit des Lebens. „TAT TVAM ASI" – „Das bist du" und „Das bin ich", lautet ein Grundsatz, den indische Weise ihren Schülern schon seit Urzeiten vermitteln.

Im Streit und Affekt handeln wir nicht entsprechend. Da gibt es nur den Anderen, auf den wir, scheinbar zu Recht, wütend sind. „Der hat angefangen", sagen Kinder bei einem Streit. Oft ist in Beziehungen auch zu hören: „Wenn du nicht immer …," oder gar: „Wenn du nicht wärst, dann …" „Dann könnte ich – dies oder jenes", oder: „dann wär' das Leben leicht und schön."

Wenn wir jedoch mit und in unseren Beziehungen wachsen wollen, und das ist die große Chance der Selbstentfaltung, müssen wir uns nach jeder entsprechenden Auseinandersetzung fragen, was das Thema mit uns zu tun hat. Wir wachsen nur in unseren lebendigen Beziehungen weiter, sowohl gemeinsam als auch und gerade jeder für sich, dies allerdings in unterschiedlichen Rhythmen. So lebendig und belebend eine Gemeinsamkeit begonnen hat – reicht sie aber auch für ein ganzes Leben? Oder stellen wir in der Lebensmitte die Frage: „War das schon alles?" In vielen Fällen ist diese Frage durchaus berechtigt: immer dann, wenn die Selbstentfaltung noch nicht abgeschlossen ist oder wenn von innen heraus ein nächstes Stadium erreicht werden soll.

Die Selbsterkenntnis im Anderen, die Projektion eigener noch unbewusster Persönlichkeitsanteile ist ein zentraler dynamischer Anteil in allen Beziehungen. Manchmal dauert es in Paarbeziehungen auch lange, bis die verschiedenen Seiten der eigenen Persönlichkeit mit denen des Partners zusammen bewusst werden. Doch wer sich diesem Prozess stellt, zieht immer großen Gewinn daraus.

Die bisher angeführten Beispiele aus dem Leben und aus der Beziehung liebender Paare sind im Vergleich zum Lebensalltag vieler Menschen, die in Paarbeziehungen leben, aufregend und dramatisch. Aber sind sie ein oder gar der einzige Maßstab für das Gelingen solcher Beziehungen?

Ein freundliches tägliches Miteinander in der vielfältigen Alltagswelt der Menschen, ein leises und selbstverständliches Zusammensein oder auch ein zeitweise kämpferisches, kurze Zeit andauerndes Gegeneinander kennzeichnen das Zusammenleben eher als anstrengenden täglichen Kampf. Das kann über viele Jahre so bleiben, beide Partner sind fraglos zufrieden und wären sehr erstaunt, wenn man dies in Frage stellen oder anzweifeln würde. Gerade in bäuerlichen Familien erledigen Mann und Frau in gewohnter Weise ihre Aufgaben ganz selbstverständlich, wie es schon ihre Eltern taten, einfach so Tag für Tag. Er fährt frühmorgens mit dem Traktor los, um frisches Futter zu holen, sie melkt inzwischen die Kühe, weil das Milchauto wie immer pünktlich um 6 Uhr die Milchkannen abholt.

In diesem Gleichklang der Aufgaben wird scheinbar nichts „Individuelles" deutlich. Und doch: Sollte einer von beiden ausfallen, wäre die natürliche, über viele Jahre aufeinander abgestimmte Harmonie sehr gestört. Es handelt sich zweifellos doch um eine Beziehung, die sehr persönlich und ganz individuell ist. Hier findet ein leiser, scheinbar kaum sichtbarer Individuationsprozess statt, der nur in bestimmten, von starken Gefühlen gekennzeichneten Augenblicken spürbar, aber dem einfühlsam Fragenden offenbar wird.

Viele Paare haben, ohne dass es ihnen bewusst ist, im Laufe ihres gemeinsamen Lebens ein Arrangement getroffen, das jedem die entsprechende Entfaltung seines Selbst ermöglicht. So wird eine Frau, die vor ihrem Haus das Auto der Familie wäscht, von einem Vorbeigehenden gefragt, warum das nicht ihr Mann tut. „Autowaschen ist Männersache", sagt der Passant. „Mag schon sein", antwortet die Frau, „aber ich wasche das Auto gern, und dafür kocht mein Mann, was mir nicht so liegt."

Das ist eine klare Aussage im Sinne der Selbstentfaltung. Der Ehemann ist glücklich beim Kochen, er verwirklicht dabei seine kreative Seite, die in seinem eher eintönigen Beruf zu kurz kommt, und sie genießt ihre körperliche Beweglichkeit und die flotte Musik im Radio während des Autowaschens.

Der Weg der Selbstentfaltung führt also vom Kollektiven zum Individuellen, von dem, „was allgemein üblich ist", zu dem, „was zu mir passt" oder „was zu dem passt, der ich werden kann".

Friedrich Carl Andreas hat seiner Frau Lou Salomé die Freiheit zugestanden, sich gemäß ihren vielschichtigen Anlagen zu entwickeln – sie war nicht nur eine sehr begabte Schriftstellerin, sondern später auch eine angesehene Psychoanalytikerin –, was zur damaligen Zeit – sie hat ihn 1887 geheiratet und ist 1937 gestorben – keine Selbstverständlichkeit war. Aber auch er konnte in seiner Ehe leben, wie es ihm entsprach. Er war ein „Nachtmensch", der als Professor für orientalische Geschichte seine Studenten abends bei sich unterrichtete, sie auch mit Tee und Gebäck bewirtete und oft bis nach Mitternacht mit ihnen diskutierte. Er liebte es, dann in den frühern Morgenstunden in den Garten hinauszugehen, dort den beginnenden Tag zu begrüßen und manchmal seiner Frau, wenn sie zu Hause war – sie unternahm viele Reisen –, einen Frühstückskakao zu bereiten. Die Partnerschaft dieser beiden beachtenswerten

Menschen ist ein schönes Beispiel dafür, wie einer dem anderen helfen kann, seinen ihm ganz eigenen inneren Weg zu finden und zu gehen. „Ich will an deiner Vollendung mitarbeiten", sagte ein Ehemann zu seiner Frau, als in einer Paarberatung die Frage gestellt wurde, was die beiden füreinander zu tun bereit seien. Das ist das Geheimnis der langjährigen guten, liebevollen Partnerschaften: dass einer den anderen in seinem Bedürfnis nach Selbstentfaltung achtet und dieses im Grunde jedem Menschen innewohnende Streben als oberstes Gebot anerkennt.

Auch die Beziehung zwischen Karl Valentin und seiner Bühnenpartnerin und Geliebten Liesl Karlstadt war nicht das „Übliche", doch sie wollten und konnten es nicht anders. Zwei individuellere Menschen, wie diese beiden gewesen sind, kann man sich überhaupt nicht vorstellen. Begonnen hat dieser Individuationsweg der beiden auch mit einem entscheidenden Augen-Blick, der ihr Leben veränderte. Er sah sie als Soubrette bei einem Auftritt mit einer Volkssängertruppe und sagte anschließend zu ihr: „Sie, des is nix …" Und mit dieser wenig schmeichelhaften Aussage begann eine Beziehung, die 27 Jahre währte – vielleicht nicht die glücklichste, doch danach fragt das Schicksal nicht immer. Denn nicht unbedingt das Glück, das man miteinander teilt, bestimmt den Gehalt einer persönlichkeitsfördernden Liebesbeziehung. Manchmal ist es gerade das hohe Maß an Unglücklichsein, das den Betroffenen zur Entfaltung seines Selbst führt. „Laß sie ineinander sinken, um einander zu überstehn", nannte es Rilke.

In der heutigen Zeit wird das Streben nach Autonomie sehr hoch bewertet, doch das kann auch die vollständige Selbstentfaltung verhindern. Liesl Karlstadt wollte eigentlich nicht bei dem schwierigen, schrulligen Mann bleiben, der Karl Valentin war. Doch sie konnte nicht anders. Es gibt eben auch ein Muss im Leben, dem man sich nicht entziehen kann, das außerhalb des ichbezogenen „ich will es aber so und so" steht oder sich ganz tief innen in der Seele befindet und das, wenn man beschlossen hat, sich mit diesem „Muss" immer wieder abzusprechen, genau ins Zentrum der jeweiligen Persönlichkeit führt. Denn es gehört zum ermutigenden Potential des Menschen, den eigenen weiteren Weg in sich zu haben. Diese wunderbare, jedem zugängliche Möglichkeit der Selbstentfaltung ist eine tragende und zuverlässige Grundlage der eigenen, ganz persönlichen Zukunft. Sie zu nutzen gehört zu den grundlegenden Aufgaben der persönlichen Entwicklung. Eigentlich führt an der Entfaltung des individuellen Seins kein Weg vorbei. Persönliches Glück ist damit ebenso verbunden wie das Risiko des Scheiterns und die damit einhergehende Verzweiflung. Aber glücklicherweise begegnen uns immer wieder die zum Weiterwachsen anregenden Menschen und die unerwarteten Augenblicke des Liebesglücks, aus denen bleibende intensivdynamische, leise freundliche und immer bereichernde Beziehungen erwachsen.

In vielen Erzählungen der Weltliteratur finden wir diese Aspekte. Der, die und das Andere ist immer das Faszinierende, weil es das bislang Unerkannte in einem selbst ist. Und genau dort und immer dort liegt das Geheimnis verborgen, das große, unergründliche Geheimnis, das zu vielen verschiedenen Bereichen menschlichen Daseins geführt hat, das die Menschen von jeher gelockt und getrieben hat, dem sie auf die Spur kommen und das sie manchmal auch unterdrücken oder gar vernichten wollen. Es ist die große Frage: „Wer bin ich?" Und damit auch die Frage: „Wer bist du?" Und weiter: „Wer bist du für mich?" „Wer bin ich für dich?" An ihr entscheiden sich Krieg und Frieden, Glück und Unglück, Bewusstseinserweiterung, -stillstand oder -unterdrückung. In ihr findet sich das ganz Profane des Alltags und das Außergewöhnliche, das Heilige des Augen-Blicks, in dem alle Sinne eines Menschen so weit geöffnet sind, wie es seine Persönlichkeit vorgibt. Man kann sich diesem Prozess verweigern, indem man sich verschließt, man kann den göttlichen Eros aus seinem Leben verbannen, doch „dann ist ein Funke vom ewigen Feuer in einem Tümpel verloschen".[7]

Die Vereinigung der Sinne

Michael Cöllen

Das Feuer der Liebenden erglüht und erfüllt sich im Tanz der Sinne, im Austausch von Körper, Geist und Seele. Sie berauschen sich aneinander, sie verlieren sich miteinander und gewinnen sich durch den Anderen. Dieser Dreiklang wird zum fortwährenden Dialog, der die Partner stärkt und reifen, manchmal allerdings auch in gegenseitiger Blockierung erstarren lässt.

Liebe ist und bleibt ein Wunder: In dieser Resonanz von Körper, Geist und Seele gelingt den Partnern auf Dauer gemeinsame Erfüllung – in der Lust am Körper, in der kreativen Bereicherung der gedanklichen Durchdringung und durch die wundersame Vereinigung der Seelen. Im „liebenden Ineinander" begehen und feiern die so Vereinten das Mysterium der Liebe.

Das bedeutet aber auch, dass die Partner diese drei Dimensionen menschlichen Seins in etwa zu gleichen Teilen pflegen und bewusst als Liebeskultur im Alltag gestalten. Entsprechend arbeiten wir auch in der Paartherapie, denn in aller Regel scheitert die Glückserfüllung der Liebe daran, dass eines dieser drei Tore zum „siebten Himmel" ins Schloss gefallen ist. Manchmal sind es sogar zwei und im schlimmsten Fall alle drei.

Im Rahmen der Paarsynthese als einem sehr wirkungsvollen paartherapeutischen Verfahren[1] öffnen wir deshalb nach und nach den Weg durch diese Tore. Wir arbeiten dann mit den Partnern

1. an ihrer jeweiligen tiefenpsychologischen *Lebensgeschichte*, wie sie Mensch, Partner, Frau und Mann geworden sind – wie sie die Liebe gelernt haben – und dies heute verkörpern;
2. am intimen *Dialog* der Partner als dem zentralen Austausch von Körper, Geist und Seele im Hier und Jetzt des täglichen Miteinander;
3. an der *Spiritualität* des Paares, also an der seelischen Tiefung und den damit verbundenen Sinnfragen des Miteinander-Lebens und Einander-Liebens.

Die *tiefenpsychologische Dimension* betrifft unsere lebensgeschichtliche Mann- oder Frau-Werdung. Hier werden Blockierungen, narzisstische Verletzungen und Wunden bearbeitet, die wir im Lauf unseres Lebens von Kindheit an erhalten haben und in unsere Paarbeziehungen hineintragen. An diesem inneren Kind, das seine Wunden am Partner heute abarbeitet, zerbrechen die meisten Beziehungen. Sie verhindern den Dialog und die seelische Reifung. Das „verletzte Kind" verletzt den Partner auf die gleiche Weise, wie es selbst einst verletzt wurde.

Die *dialogische Dimension* zielt auf unsere spezifische Art, uns als Frau oder Mann mit Körper, Geist und Seele in Beziehung zu setzen. „Dialog" ist mehr als bloße Kommunikation: Hier fließen natürlich unsere alten Wunden, unsere offenen oder verborgenen Schwächen, aber auch unsere erworbenen Fähigkeiten und unsere Stärken ein. Wir arbeiten am Fluss des Dialogs zwischen den Liebenden, am Fluss der Energien, der zwischen ihnen zum Versiegen gekommen ist und auszutrocknen droht. In diesen intimen Dialog münden sowohl die tiefenpsychologische als auch die spirituelle Dimension. Hier bündeln sich unser Gewordensein und unser transzendentes Sein.

Die seelische, die *spirituelle Dimension* weist uns Menschen als Wesen aus, die natürlich Teil der Natur sind, aber über diese hinausdenken, erfahren und gestalten können. Novalis sagt: „Im Menschen schlägt die Natur die Augen auf." Wir suchen Sinn. Die Philosophie zeugt seit der Antike von dieser arteigenen Sehnsucht des Menschen. Wir stellen Fragen; wir gestalten Welt; wir sind schöpferisch. Dies alles impliziert Gut und Böse, Aufbau und Zerstörung. In die besondere Arbeit mit Paaren haben wir deshalb die spirituelle Dimension als unabdingbare menschliche Seinsform mit aufgenommen.

Wenn zwei Menschen von der Liebe ergriffen werden, geschieht im Grunde etwas Großartiges: das Geschenk einer Teilhabe am Schöpfungsprozess – und damit Teilhabe am göttlichen Prinzip. Zumindest birgt die Liebe diese Erfahrungsmöglichkeit in sich. Ob es dazu kommen wird, hängt davon ab, wie ein Liebespaar diese Entwicklungsherausforderung durch die Liebe annimmt.

In der Phase der Verliebtheit wird uns wunderbarerweise in Ausschnitten die Vision der Liebe zuteil, wie wir sie uns im Laufe des Beziehungsgeschehens erwerben können. Wir sehen also die Phase der Verliebtheit nicht als einen neurotischen Versuch, kindliche Einheitserfahrungen wiederherzustellen und narzisstische Sehnsüchte zu befriedigen, wie teilweise in der psychotherapeutischen Literatur behauptet, sondern als eine notwendige Entwicklungsphase des Paares auf dem Weg zu menschlicher Erfüllung.

Hier bekommt das Paar eine Ahnung von dem, was durch die Liebe möglich wird: Stärkung und Grenzerweiterung zu erfahren und zu schenken, das Optimum aus dem anderen herauszulieben (Verena Kast) und selbst das Beste geben zu können, in Ekstase zu verschmelzen und in eine Ganzheitserfahrung einzutauchen.

Da diese nicht einfach vom Himmel fällt, folgen nach der Verliebtheit die nächsten Entwicklungsschritte einer Paarbeziehung, die auch seelische Anstrengung mit sich bringen. In der Paarsynthese nennen wir diese fünf Entwicklungsschritte des Paares: Hingabe, Aufbau, Lebensmitte, Altern, Zweisamkeit. Die Liebe durchläuft dabei verschiedene, aufeinander aufbauende Entfaltungsstadien, die besonders an den Übergängen häufig mit Krisen verbunden sind.

Bei den Griechen hieß es: „Vor den Erfolg haben die Götter den Schweiß gesetzt." Das gilt besonders für das Gelingen in der Liebe. Ein Paar, das sich auf die Abenteuerreise einer Liebesbeziehung begibt, hat Klippen zu umschiffen und Strudel zu durchschwimmen, kommt immer wieder zu neuen Ufern, um sich auszuruhen und zu genießen und um im Laufe des Lebens zu werden „wie von Gott gemeint". Das klingt eher nach einer Verheißung als nach Realität, da wir doch alle wissen, wie viele Paare scheitern. Hier sind das Erkennen, Verstehen und Miteinander-Leben der spirituellen Dimension der Liebenden in der wachen Begegnung mit allen Sinnen hilfreich.

Es geht nicht um eine oberflächliche Begrifflichkeit von Spiritualität, nicht um ein verklärtes „Im siebten Himmel schweben". Paare, die in Therapie kommen – verwundet, verstrickt in Kränkung, Zorn oder Gleichgültigkeit –, suchen Hilfe in ihrer Not, suchen einen Ausweg aus ihrem Unglück. Wenn Paare mit einer Paartherapie anfangen, weil etwas zu Ende gegangen ist – die Liebe, gegenseitiges Verstehen und Wohlwollen, der Austausch der Herzen oder die Erotik oder alles zusammen –, stellen sie oft die Frage, „ob die Beziehung noch Sinn macht". Die Sinne der Liebenden sind nicht mehr offen füreinander. Das erschreckende Empfinden von Sinnlosigkeit blockiert den Austausch.

Ausgelöst durch eine solche Krise, stellen sich den Partnern wichtige Fragen, die sie im Alltag der Beziehung wahrscheinlich allzu lange nicht bedacht haben:

- Welchen Sinn hatte es, dass wir uns gefunden und gewählt haben?
- Wozu hat das Leben mir diesen Mann oder diese Frau gegeben?
- Was haben wir aneinander und voneinander zu lernen, gerade auch durch die Konflikte?

Auch in der Paartherapie öffnen sich Paare häufig erst nach anfänglichem Zögern diesen Fragen. Oft nur aus ihrer Not heraus sind sie bereit, sich an diese oft schwer greifbare spirituelle Dimension heranführen zu lassen.

Durch die Auseinandersetzungen ist ihnen klar geworden, dass Liebe nicht nur romantische Seinserfahrung bedeutet, die sie ersehnen und sich vielleicht durch einen Partnerwechsel neu erhoffen. Sie sind in dieser Hoffnung mehr als einmal vom Partner oder von der Partnerin enttäuscht worden. Manchmal sind sie auch von sich selbst enttäuscht und meinen, sie könnten vielleicht überhaupt nicht lieben.

Viele sind in der Tat in ihrer Liebesfähigkeit blockiert, oft behindert. Die Idee vom Lieben-Lernen ist ihnen weitgehend fremd. Lernen kann man nahezu alles, Lesen und Schreiben, Berufe, Musikinstrumente, Sportarten. Aber Liebe zu lernen erscheint den meisten Partnern – wie die hohen Trennungsziffern belegen – als viel schwerer möglich. Bei unserem Ansatz gehen wir davon aus, dass Veranlagung und Sehnsucht nach Liebe allen Menschen mitgegeben ist, aber die Fähigkeit, Liebe auf Dauer und in vollem Umfang lebbar zu machen, erlernt werden muss. „Liebe leben lernen" macht aber für die in der Liebe Zerstrittenen nur Sinn, wenn über die schmerzliche

Konfliktbewältigung hinaus dahinter das lohnende Ziel einer sinnerfüllenden Zweisamkeit aufleuchtet.

Die in der Liebe gekränkten Paare, die durch ihre Krise bedingt in die Therapie kommen, begreifen im „Lernprozess der Liebe", wie Paartherapie auch genannt werden könnte, das Wunder der Liebe nicht mehr nur als triebhaftes Naturgeschehen. Sie sind nicht planlos, fast willenlos im Taumel der Hormone aufeinander zugetrieben, deterministisch dem Reiz-Reaktions-Schema unterworfen. Es ist kein blinder Zufall, dass gerade diese Frau und dieser Mann sich finden. Sie wählen einander nicht nur wegen ihrer äußeren Attraktionen aus, sondern auch und gerade ihrer Fehler wegen. Diese führen zwar in die gemeinsame Krise, sind aber gleichzeitig das nötige Krisenpotential, eigene Selbstgerechtigkeit zu überwinden, blinde Flecken aufzuspüren und den oft mühsamen Weg der Persönlichkeitsreifung zu beschreiten, herausgefordert durch den Partner. So tragen sie zum Wachstumsprozess bei, nicht nur als Individuum und als Paar, sondern auch in ihrer Mitwelt. Das Paar nimmt damit seinen Platz im Rahmen der Schöpfung ein. Die Partner bilden eine „unio mystica".

Doch auf viele Paare wirken solche Gedanken im Alltag oder auf Grund ihres Zerwürfnisses nur hohl und hochtrabend. Idealvorstellungen helfen nicht, wenn sie nicht in die Praxis umgesetzt werden. Das gilt für alle menschlichen Belange, für die Liebe aber ganz besonders. Gedanken und Worte wirken nur, wenn sie hautnah fühlbar werden. In der Paartherapie verwenden wir dazu den Weg der Erlebnisvermittlung durch *Rituale und Übungen,* um sinnliches Empfinden für oft übersinnliche Phänomene zwischen Liebenden zu aktivieren oder zu intensivieren.

So bitten wir etwa die Partner, wenn einer von „herzergreifend" spricht, genau dieses Wort in Gesten umzusetzen. Wir leiten sie dann beispielsweise an, voreinander hinzutreten, einander ruhig in die Augen zu schauen und im Wechsel ganz langsam, im Zeitlupentempo, zehn Minuten lang mit der linken offenen Hand, die vom eigenen Herzen kommt, sich dem Herzen des Partners zu nähern und es schließlich zu berühren.

Fortgeschrittene Paare laden wir dazu ein, zu Hause die *stille Vereinigung* zu begehen. Dieses Ritual dient weniger dazu, Techniken und Stellungen zu vermitteln, sondern die sexuelle Vereinigung im *liebenden Ineinander* zum Höhepunkt ganzheitlicher Hingabe und Verschmelzung werden zu lassen. Ziel ist dabei gerade nicht der Schlussakkord im Orgasmus, sondern das gemeinsame Dahingleiten in die unendlichen Weiten der Einswerdung von Mann und Frau.

Durchführung: Nach einem sanften Vorspiel versenken sich beide ganz, ganz langsam ineinander. Jeder kleinste Millimeter soll vollständig ausgekostet und erspürt werden – und mit noch mehr Zeit für den nächsten Millimeter. Die Liebenden bewegen sich nur leicht dabei, gerade so, dass sie das Gefühl der Erregung behalten. Haben sie sich schließlich ganz in der Tiefe versenkt und umschlungen, bleiben sie ohne große weitere Bewegung ineinander versunken für eine halbe Stunde. Die Erregung soll nicht gesteigert oder gar zu einem Höhepunkt geführt werden, sondern einfach nur erhalten werden. Beide bewegen sich weiterhin nur ganz, ganz leicht – und nur wenn nötig, um die Erektion oder Feuchtigkeit zu erhalten. Nach einer halben Stunde lösen sie sich dann genauso langsam voneinander, ohne zum Orgasmus zu kommen. Erregung und Glücksgefühle werden tagelang nachklingen.

Diese Vereinigung ihrer Sinne führt in der gegenseitigen Hingabe zur Sinnverbindung der Liebenden mit dem Strom des Lebens. Das Paar wird im Schöpfungsprozess Bindeglied zur Ewigkeit. In der Therapiearbeit erleben wir, sobald der vordergründige, oberflächliche und laute Streit erst einmal überwunden ist, die Suche vieler Paare nach dieser tiefen sinnhaften Verbindung. Das ist nicht selbstverständlich, denn wir dürfen nicht vergessen, dass wir in einer Gesellschaft leben, in der der Begriff Spiritualität oder die Idee einer geistigen Struktur des Menschen vom Zeitgeist grundsätzlich negiert oder sogar diskreditiert wird.

Das hat historische Gründe: Seit der Säkularisierung ist die christliche Spiritualität dieses unseres Kulturraums bei vielen Menschen außer Kraft gesetzt. Zudem hat sie sich auch selbst durch Kreuzzüge, Hexenverbrennungen, Inquisition, Machtgier und Feigheit in Misskredit gebracht.

Im 3. Jahrtausend nach Christus bilden die Objektivität der Naturwissenschaft, die Praktikabilität der Technik und die Profitabilität der Kapitalwirtschaft ein System mit eigener Wertvorstellung. Hier hat die Spiritualität des Menschen keinen Platz mehr.

Auch die Erkenntnis des bedeutendsten Aufklärers und Repräsentanten der Philosophie des deutschen Idealismus, Immanuel Kant, findet keine Resonanz mehr, dass wir Menschen sowohl Wesen der Natur als auch geistige Wesen sind. Das 19. Jahrhundert ist mit der Explosion der Entdeckungen und Entwicklungen in Naturwissenschaft und Technik, mit der industriellen Revolution, mit der Idee der Machbarkeit und mit dem aufkommenden Kapitalismus über dieses Kulturgut hinweggerast. Die materialistische Welteinstellung verspricht Herrschaft und Macht über Natur und Menschen, mit all ihren negativen Konsequenzen. Die Welt des Geistes, die Welt der Idee, der Spiritualität ist tot – scheinbar tot. Viele sind also von ihrer Existenz als spirituelle, geistige Wesen abgeschnitten und entfremdet.

An dieser Stelle müssen wir unser Verständnis von Spiritualität in der Paarsynthese genauer darlegen. Dazu schreibt Arndt

Büssing: „Unter Spiritualität ist eine nach Sinn und Bedeutung suchende Lebenseinstellung zu verstehen, die Verbundenheit mit anderen, mit der Natur, mit dem Göttlichen in sich trägt. Dies hat unmittelbare Auswirkungen auf die Lebensführung und die ethischen Vorstellungen."

Spiritualität wird hier nicht notwendigerweise mit Religiosität gleichgesetzt. Gemeint sind damit Wahrnehmung, Erfahrung, Wissen und achtsamer Umgang mit dem Übersinnlichen, das sich dem messbaren Erleben unserer menschlichen Sinne entzieht. Das Paar als duale Existenzform umschließt außer der körperlichen und geistigen Bedingtheit auch die seelische Bedingtheit.

Über die gemeinsame Existenzsorge, die Trieb- und Lustbefriedigung und die mögliche Kinderzeugung hinaus lassen Liebende sich vom Wirken der Gedanken, Gefühle, Einstellungen und Haltungen, aber auch von Sehnsüchten und Empfindungen, von Hoffnungen und Wünschen leiten und darüber hinaus von der unbewussten und unsichtbaren gegenseitigen Einwirkung männlicher und weiblicher Potentiale. Auch wenn die Krisenanfälligkeit und der Reibungsverlust in dieser Vielzahl von einwirkenden Faktoren sehr hoch ist, führt doch gerade diese Verbindung der Seelen in der Vereinigung aller Sinne zu dieser so ersehnten einzigartigen Einheit, die uns Liebende nährt und heilt. In der Seele des Partners zu wohnen gibt uns Identität und Heimat.

Wir Paartherapeuten treffen dabei keine Aussage über die Entstehung der Seele, auch nicht über die Entstehung von Leben, von Körper und Geist, sondern wir versuchen, den Umgang der Liebenden in diesen Seinsformen von Blockierungen freizusetzen und in eine erhöhte Verdichtung oder Vertiefung zu führen.

Paare, die lange zusammen sind, wissen wohl, wie schwierig das ist und wie viel Arbeit das bedeutet, und wie schmerzlich das sein kann. Wenn sich dann aber ein Feld öffnet für die Frage: Wozu Partnerschaft? Wozu sind wir zusammengekommen im tiefen Sinn?, entsteht oft eine Dichte, die beide beglückend spüren. Hier entsteht Raum für spirituelle Erfahrung, für mystisches Erleben:

So schrieb der italienische Liebestheoretiker Marsilio Ficino schon 1469:

„Ohne Zweifel geht da etwas Wunderbares vor, wo zwei sich in gegenseitiger Zuneigung entgegenkommen: dieser lebt in jenem, jener in diesem. Sie tauschen einander gegenseitig aus: ein jeder gibt sich dem anderen hin, um diesen in sich aufzunehmen. In welcher Weise sie sich hingeben, ist daraus zu ersehen, daß sie sich selbst vergessen ... Hier ... besitzt ... jeder von beiden sich selbst und den anderen. Denn dieser besitzt sich selbst, aber in jenem: jener besitzt sich selbst, aber in diesem. Nämlich, indem ich dich liebe, der du mich liebst, finde ich mich in dir, der du an mich denkst, wieder und gewinne mich, nachdem ich mich selbst aufgab, in dir, der du mich erhältst, zurück. Das gleiche tust du in mir. Denn wenn ich, nachdem ich mich selbst verlor, durch dich mich zurückgewinne, so besitze ich mich durch dich. Wenn ich mich durch dich besitze, so besitze ich vorher und in höherem Maße dich, als mich, stehe also dir näher, als mir selber, da ich nur durch deine Vermittlung zu mir selbst gelange."

Wenn das Wort „Du" in dieser Dichte der Intimität gesprochen und gehört werden kann, hat es eine Wirkung, die öffnet und entspannt. Beide wissen dann, dass sie einen Platz auf Erden haben, dass sie dazugehören, in tiefster Existenz gesehen und gewollt werden.

Das Wort „Du" öffnet einen spirituellen Raum, der eine gewisse Zeitlosigkeit hat, eine Weite, eine Klarheit, eine Leere, aus der die Schöpfung sich in jedem Augenblick fortsetzt. Mystische Erfahrung und Sinnfindung werden hier möglich, nicht durch asketischen Rückzug, sondern in der Tiefe des Zwischen-menschlichen, in der Liebe.

Paare aber spüren, ahnen und wissen, wie es ist, wenn die Seele merkt, dass das Wort, das sie hören muss, nicht kommt und das Wort, das sie sprechen muss, wegbleibt. Das Du, das fehlt, höhlt die Liebe aus. Der erfahrbare Sinn geht verloren. Man spricht das Wort „Du" nicht nur mit der Stimme, man spricht es mit den Augen, mit der Berührung und manchmal nur mit der seelischen Energie.

Intimität entsteht – weit umfassender als die rein körperliche. Der Ort ist entscheidend: Intimität wohnt in der Seele. Die intime Liebe eines Paares wird zur Keimzelle von Menschlich-keit – und damit auch von Mitmenschlichkeit. In der Intimi-tät werden wir gezeugt, in der Intimität zwischen Eltern und Kind reifen und wachsen wir, in der Intimität mit dem Partner finden wir uns ganz wieder – und damit unsere Identität. In der Intimität der Klienten mit ihren Therapeuten entsteht Hei-lung. Intimität ist die tiefste Verdichtung menschlichen Seins. Das Paar bildet ein spirituelles Zentrum. Die Spiritualität des Paares wird in diesem intimen Raum geboren.

In der Vereinigung von Körper, Geist und Seele ereignet sich erst die Einzigartigkeit, die Unverwechselbarkeit, die eigent-liche Intimität. Hier entsteht das Gefühl, gemeint zu sein, aus-erwählt zu sein, würdig zu sein. „Und sie erkannten einander …", heißt es deshalb in der archaischen Ausdrucksweise des Alten Testaments. Ich-Erfahrung und Du-Erfahrung durch-dringen einander, wachsen aneinander durch den intimen Dialog. Wir werden wieder zu dem, was wir eigentlich sind: Menschen mit unserer eigenen Würde.

Da wir uns aber nackt und bloß zeigen, uns preisgeben, uns hingeben, ist hier auch der Ort größter Bedrohung und Verlet-zung. Intimität fordert uns Menschen elementar heraus. Kein anderes menschliches Phänomen steht so zwischen Anspruch und Wirklichkeit. Über Bedürftigkeit und Narzissmus müssen wir hinauswachsen. Intimität fordert und fördert menschliche Reifung. Hingabe, Ekstase und Versöhnung der Geschlechter verlangen stetes Neugestalten der Liebeskräfte – und den ständigen mutigen Wechsel zwischen Erneuerung und Kontinuität. An diesem Widerspruch verzweifeln viele Paare, vielleicht auch unsere ganze westliche Liebeskultur.

In schnelllebiger Eventgesellschaft ist kein Raum für die andächtige Stille der Liebenden. Statt Liebesbriefe und Gedichte werden Kurzmitteilungen über die neuen Medien geschickt. Zerstrittene trennen sich per Mail. Anwälte bieten Internet-Scheidung an, damit man sich nicht mehr in die Augen sehen muss. Immer mehr Ersatzdrogen werden in Anspruch genommen. Internet-Sex wird zur Sucht auf der Flucht vor dem Blick in die Augen des Partners. Angst und Scham vor tiefen Gefühlen versperren den Weg zum Du. Die eigene Blockierung zu intimem Dialog wird nicht mehr mit der Partnerin aufgearbeitet, sondern stattdessen elektronische Trockenkost einverleibt. Das Single-Dasein wird dadurch enorm erleichtert, die Gefahr der intimen Auseinandersetzung auf ein Minimum reduziert. Die erotische Kultur gerät zur Unkultur: Virtualität statt Intimität. Die Intimität geht verloren, weil kein Dialog mehr zustande kommt.

Die wirklich Liebenden aber suchen die Zauberkraft von Intimität und die damit verbundene Spiritualität: Mit dem Öffnen der innersten Grenzen geht eine uns allen innewohnende spirituelle Sehnsucht in Erfüllung: wieder ganz und gar eins zu werden mit der Schöpfung, mit dem Geliebten, mit dem Himmel, mit dem Kosmos allein zu sein, – vor allem aber in der Auflösung des Ich doch eins mit mir selbst zu werden. Gelingt dies auch nur für Sekunden, ist es die Ahnung von Ewigkeit, an der wir dann teilhaben. Dieses Erleben gibt uns das befriedigende Gefühl von Erfüllung, von Angekommen- und Zuhause-Sein, von Heimat in dir und in mir. Die junge japanische Dichterin Toyatama Tsuno beschreibt dies unnachahmlich in einem Haiku:

> *Seit ich dich liebe*
> *Bin ich nur ich,*
> *wenn ich nicht mehr ich bin.*

Unsere Thesen zur spirituellen Liebesbeziehung von Mann und Frau:

1. Die Partner begegnen einander niemals zufällig und bilden nicht zufälligerweise ein Paar. Ihre Stärken und Schwächen fügen sich zu einem sinnvollen Ganzen. Das liebende Ineinander der Partner wird durch streitbares Auseinandersetzen abgerundet.
2. Sie erfüllen damit mehr als nur lustvolle Selbstbefriedigung. Sie erfüllen eine gemeinsame Aufgabe, die in einer befriedenden Ordnung ihres Mikrokosmos besteht. Dazu gehören die Aufarbeitung von Ahnenbotschaften und Altlasten, die intime Dialogentfaltung und die seelische Ausfaltung. Logos, Eros und Ethos verbinden sich in diesem Dialog zu einem dynamischen Ganzen.
3. Diese sinnstiftende Ordnung im Mikrokosmos des Paares schafft Frieden und Heimat mit Auswirkung in den Makrokosmos hinein. Sie tragen dadurch zum Erhalt des kosmischen Kreislaufs bei und bilden einen Teil des Ganzen, des göttlichen Prinzips.
4. Frau und Mann zusammen schaffen Leben, das wiederum von Seele durchdrungen ist. Hier sind nicht nur Kinder gemeint, sondern es geht im Paar auch um geistige Fruchtbarkeit.

5. Die Erfüllung dieses Kreislaufes ist, wie wir alle wissen, durchaus mit Lust verbunden: Göttliches Prinzip und Lust, Heiliges und sinnliches Begehren gehören zusammen. Das Heilsame der Liebe, das sogar medizinisch nachgewiesen und für uns alle fühlbar ist, liegt eben in dieser Einheit von sinnlicher und übersinnlicher Sinnerfahrung der Liebenden.

In unserer Kultur ist dieser Zusammenhang für viele Liebende leider nicht selbstverständlich. Die besondere Verbindung von *Spiritualität und Sexualität* nicht nur zu erkennen, sondern auch fast alltäglich zu praktizieren, scheint vielen befremdlich, wenn nicht sogar unbekannt. So muss es im Grunde nicht verwundern, wenn 75 Prozent aller befragten Paare eine Störung ihrer Sexualität beklagen.

Viele Paare gehen ihre Partnerschaft mit einem tiefen Missverstehen von Körperdialog ein. Sie messen die körperliche Begegnung allein am Grad der Lustbefriedigung. Der Körper dient hier nur als entfremdeter Kultgegenstand, als narzisstisches Demonstrationsobjekt und wird als kompensatorische Ersatzbefriedigung für seelischen Tiefgang missbraucht.

Diese Spaltung von Sexualität und Spiritualität hat Frauen und Männer in unserer Kultur des jüdisch-christlichen Abendlandes besonders getroffen und von sich selbst entfremdet. Allerdings liegt die Entfremdung heute weniger im asketischen Verbot von Lust als im suchtartigen Konsum von Schönheit, Gesundheit und Lustgewinn. Das kann sich als narzisstischer Versuch ausdrücken, mit möglichst vielen zu schlafen. Das kann durchaus auch schön sein, nur für eine Partnerschaft auf Dauer ist es zu dünn, zu eindimensional. Diese Art der Sexualität hat zu wenig Raum für das Wort „Du". Eine andere Form des Missverstehens im Körperdialog kann sein, nur auf Orgasmus zu schauen oder auf reine Triebabfuhr. Auch das ist wertvoll, nur befriedigt es nicht auf Dauer die Sehnsüchte des Herzens, diese andere Ebene: die spirituelle Erfahrungssuche.

Erotik und Sexualität, die archaische Kraft, aus der wir alle kommen, wurden in unserer Kultur des Seelischen beraubt, früher durch die strenge Leib- und Lustfeindlichkeit der christlichen Konfessionen, heute durch seelenlose Konsummaximierung, durch effekthascherische Medien und Werbung, durch die vollständige Kommerzialisierung des Humanfaktors Mensch, durch die Vorherrschaft der Technik über die Menschlichkeit. Alle vermitteln uns, Körper seien beliebig verfügbar und durchs Erlernen sexueller Techniken sei eine stetige Steigerung der sexuellen Befriedigung zu erzielen. Körper werden anders als je zuvor immer mehr zum Objekt narzisstischer Begierde und dafür hoffnungslos ausgebeutet. Aber im wachsenden Zustrom ratsuchender Paare zur Paartherapie zeigt sich, dass der Markt auch mit immer neuen Verlockungen nicht halten kann, was er verspricht. In Wirklichkeit suchen die Paare nach innerer Erfüllung und nicht nach gegenseitiger Ausbeutung.

Sinnlichkeit, Erotik und Sexualität vereinigen aber nicht nur die Körper, sondern auch die Seelen und den Geist der Liebenden. Für Momente im anderen aufzugehen, in endlichen Momenten Unendlichkeit zu erfahren mit der Ganzheit von Körper, Geist und Seele ist ein zutiefst spirituelles Geschehen. Es lässt uns an Ganzheit und Ewigkeit teilhaben.

Wie sehr dieses gemeinsame Schwingen im liebenden Ineinander möglich wird, wissen wir aus den vielen Schilderungen von Paaren. In unserer Arbeit mit den Partnern, sowohl in der Paareinzel- als auch in der Paargruppentherapie, geben wir gerade auch zum Thema sexueller Probleme *Übungen* vor, die das Paar befähigen sollen, nicht nur die körperlichen Berührungen und Zärtlichkeiten, sondern auch ihre gemeinsame Sprache dafür und ihr inneres Erlebnisvermögen zu vertiefen und zu bereichern.

106

Eine solche Übung hat den Titel *Mein Orgasmus*:

Die Gruppen-Teilnehmer oder die Paare zu Hause nehmen sich eine Stunde Zeit, ihr ganzes Erleben vor, während und nach dem Orgasmus aufzuschreiben. Viele bekunden dieses Erleben als heiligen Schauer. Der Horizont der Lust wird darin deutlich, von animalischer Begierde bis zur Vereinigung mit dem Kosmos, bis zur Auflösung in ozeanischer Tiefe. Sanfte Wellen plätschern, wilder Sturm reißt fort, glühende Lava bricht sich Bahn, sanftes Ruhen am stillen See, Lichterbogen, wilder Frieden, Explosion der Zärtlichkeiten, leises Gleiten durch den Himmel: Wie der Regenbogen in vielen Farben die Horizonte verbindet, Himmel und Erde überbrückt, Sonne und Regen vereint: Der Himmel küsst die Erde, sagen die Taoisten.

Erst die Breite des Erlebens vom Animalischen bis zum Göttlichen – die Verbindung zwischen Seele, Geist und Natur – ermöglicht die Lust-Erfüllung auch in langjähriger Beziehung, wendet sich gegen jede Monotonie und erfüllt sich stattdessen in lebendiger Kreativität. Um diesen Weg gehen zu können, brauchen die Liebenden Selbstbewusstsein – nicht zu verwechseln mit Selbstwertgefühl:

Selbstbewusstsein von mir und meinem Körper als meinem Revier. Dafür bin allein ich zuständig, hier in diesem Bereich bin ich verantwortlich für mich und meine Lust. Sie ist letzten Endes nicht abhängig vom Partner. In der Tiefe meiner Hingabe erfahre ich Selbsterfüllung und Selbstfindung durch den Prozess des Mich-Schenkens und des Mich-Wiederbekommens. Diese Art der Hingabe ist das Gegenteil von Unterwerfung.

Selbstbewusstsein davon, dass der eigene Körper eine Quelle der Freude ist, für mich selbst und für den Anderen. Ich freue mich an seinem und an meinem Körper und genieße beide, und ich genieße es genauso, dass der Andere uns beide genießt.

Bewusstsein davon, dass beide Körper Tempel der Lust sind. Es sind heilige und geweihte Orte, die wir mit Würde betreten, vorher gereinigt, mit Achtsamkeit und Ehrerbietung. Ich verneige mich vor dem Anderen als der Verkörperung dieses Wunders der Liebe.

Um diesen Weg sinnlicher Lusterfüllung auf der Basis von gegenseitiger Würdigung und heiligem Erschauern immer wieder neu erleben zu können, bedarf es der spirituellen Tiefung und Reifung. Wir sind zu einem solchen Erschauern nur dann im Stande, wenn wir mit aller Achtsamkeit und Aufmerksamkeit beim Geschehen sind, wenn wir uns ganz öffnen und uns ihm ausliefern, wenn Herz und Seele und Körper bereit sind zur Vereinigung.

Dahin führen verschieden Wege:
Die seelisch-spirituelle Vertiefung jedes Einzelnen. Sie kann darin bestehen, dass jeder für sich zu entsprechenden Übungen Zeit findet, etwa einen Brief an die eigene Seele zu schreiben. Als Verantwortlicher für meinen Körper leiste ich Körperhygiene und Fitness, als Verantwortlicher für meinen Geist betreibe ich Fortbildung. Was aber tue ich bewusst für meine Seele?

Tai Chi, Yoga, Meditation sind ebenfalls hilfreich. Wer sich nicht auf fernöstliche Techniken versteht, kann seelische Tiefe auch in der Betrachtung einer Blüte, überhaupt in der Betrachtung der Natur üben und gewinnen, oder er kann sich auf eine Pilgerreise begeben, wie es viele heute tun.

Die wöchentliche Übung und Praxis gemeinsam mit dem Partner ergänzt oder ersetzt mitunter die Einzelübungen – und fördert die tiefe Verbundenheit der Liebenden. Es bleibt dem Einfallsreichtum der Partner überlassen, sich gegenseitig Vorschläge für solche Übungen und Rituale zu machen. Übungen für die Partnerdialoge von Körper, Gefühl, Sprache, Seele und

Zeitgestaltung bieten einen ganzen Werkzeugkasten für die Liebe[2].

Der therapeutische Weg als Arbeit an seelischen Blockierungen, Konflikten und Altlasten, die in vielen intimen Paarbeziehungen besonders hinderlich für die innere Verbindung der Partner miteinander werden. Dabei geht es in der sogenannten „Paartherapie" nicht nur um das Aufarbeiten von Konflikten und das Verbessern von Kommunikationsmustern, sondern auch um das vertiefende Lernen von Gefühlserleben und Gefühlsdialog, von Herzenssprache, von Seelenberührung. Psychotherapie wird hier durch Psychoedukation ergänzt.

Die meditative Praxis mit ihrer Disziplin des ständigen Übens gibt uns durchaus Inspiration auf dem Weg zur gemeinsamen Verwirklichung und Erfüllung und damit auch zur Lusterfüllung. Die Liebe zur Natur, die Liebe zur Welt und zu allen fühlenden Wesen wird Gegenstand meditativer Betrachtung. Darüber hinaus wird hervorgehoben, dass erst in der Vereinigung von männlich und weiblich die Erfüllung der spirituellen Dimension möglich wird.

Die vielzitierte Weisheit fernöstlicher Liebeslehren liegt gerade und besonders in der Verbindung von Spiritualität und Körperlichkeit und in der damit verbundenen Anleitung zum praktischen Üben. Wichtig dabei ist, dass Sinnlichkeit, Erotik und Sexualität nicht auf Genitalität und Orgasmus fixiert sind, sondern in unendlicher Variation die Intimität des Paares ausloten. Dabei findet eine Transformation der rein triebhaften sexuellen Energie in geistige und spirituelle Energie statt, die sich im seelischen Gipfel wieder zu einem Kreis mit der körperlichen Lust schließt.

Doch auch im westlichen Denken gilt seit Platon: Wir Frauen und Männer sind Beziehungswesen. Wir werden erst Mensch durch und in Beziehung. Hier werden erst die Fähigkeiten entfaltet, die den Menschen in seinem tiefsten Wesen ausmachen und reifen lassen. Das „Werde, der du bist" geht aus dieser Zweiheit hervor (Ludwig Binswanger). Für ein Paar, das sich auf den Entwicklungsweg der Liebe gemacht hat, bedeutet die spirituelle Verbindung dementsprechend:

Ich achte und würdige dich und mich als menschliches Geschöpf mit diesen großartigen Fähigkeiten. Ich bin voll Demut ob dieses Wunders, das du und ich darstellen.

Ich bin dankbar für deine und meine Existenz und bin verantwortlich dafür.

Verantwortung heißt hier: Ich trage nicht nur Sorge für mich, sondern auch für dich und darüber hinaus in anderer Form für alle Wesen.

Angesichts der schwierigen gesellschaftlichen Realität mit ihrer Egozentrik, Profitgier und dem zunehmendem Verlust von moralischem Empfinden ist es schwer, an die Kraft der Liebe als spirituelle Reinigung zu glauben. Aber sie ist die einzige universelle Kraft zur Rückbesinnung auf das Menschliche, die wir erfahren können. Andere Kräfte, die das Zusammenleben der Menschen ordnen, wie die Religion, die Philosophie oder der Staat, haben für viele Menschen an Bedeutung verloren. Trotz der hohen Reparaturbedürftigkeit der Paarbeziehung, die in dieser Umwelt nicht verwundern kann, erzeugt die Liebe immer wieder neu Rücksichtnahme, Herausforderung, Wohlwollen, Respekt und Ehrfurcht im Umgang miteinander. Nicht auf den eigenen Vorteil, sondern auf das gemeinsame Wohlergehen und gegenseitige Würdigung bedacht zu sein steht im Vordergrund.

Damit auch hier den hehren Worten Taten der Liebe folgen können, sei zum Schluss ein besonderes Ritual für Anfänger und Fortgeschrittene eingeführt. Es sollte mindestens einmal im Monat praktiziert werden.

Würdigung

Gerade in langjährigen Beziehungen, durch Streit insbesonde-re, oft auch durch Alltag und Routine, geht das Gefühl für das Spirituelle einer Beziehung verloren. Vor allem verschwinden im Dauerstreit die Würde des Anderen, Respekt und Ach-tung vor dem Anderen. So haben wir zwar viele *Rituale,* uns gegenseitig herabzuwürdigen, aber keines, uns gegenseitig zu würdigen. Daher soll hier ein solches Würdigen des Anderen sichtbar zum Ausdruck gebracht werden.

Durchführung: Die Liebenden stellen sich oder knien in den folgenden 20 Minuten voreinander. Sie vereinbaren, sich ab-wechselnd vor dem Anderen langsam, ganz langsam, Milli-meter für Millimeter, zu verneigen. Beide falten dazu ihre Hände oder kreuzen sie vor der Brust. Der Beginnende senkt dabei langsam die Augen, den Kopf und beugt den Rücken so tief, wie er kann. Falls er dazu knien will, beugt er den Kopf bis zum Boden. Dort ruht er ein wenig aus, ohne sich gleich wieder aufzurichten.

Der Andere, der diese Würdigung erhält und empfängt, bleibt mit offenen Augen so lange aufrecht stehen und nimmt diese Würdigung für sich entgegen. Nach insgesamt 10–15 Minuten richtet sich der Erste genauso langsam wieder ganz auf. Dann beginnt der Andere, sich zu verneigen, so tief wie möglich, um sich nach der Ruhepause unten genauso langsam wieder auf-zurichten.

Eine solche Liebeskultur gibt uns Menschen die Würde wieder zurück. Die Liebenden würdigen in diesem Ritual einerseits das göttliche Element im Partner und dessen Einzigartigkeit mit all seinen Stärken, aber genauso seine Schwächen und Fehler. Solche Gesten mögen auf viele sehr befremdlich wirken, aber die Liebe geht oft besondere Wege. Die Liebe erzieht immer wieder neu zum Dialog. Sie wird damit zur spirituellen Bildungseinrichtung für Menschlichkeit und Herzensbildung. Der Wille zur Verständigung und zum Verstehen, der immer wieder ins Zentrum tritt, das Ringen um beiderseitige Achtsamkeit, die tiefe Bereitschaft zum liebevollen Verzeihen und die gegenseitige Würdigung mit allen wachen Sinnen schaffen Ethik im intimen Dialog der Partner, im Dialog von Frau und Mann. Hier gründet die Spiritualität des Paares. Es fügt sich in den Kreislauf der Schöpfung ein und trägt zu deren Erhaltung bei.

Symbole verbinden

Margarete Leibig

Von dem Naturwissenschaftler Niels Bohr ist eine seltsam paradoxe Bemerkung überliefert:
Als Journalisten den berühmten Physiker aufsuchten, um einen Beitrag über sein Leben und Werk vorzubereiten, fiel einem der Journalisten ein rostiges Hufeisen auf, das über dem Eingang von Bohrs Sommerhaus angenagelt war. Der Journalist wunderte sich sehr darüber und fragte Bohr, wie er als Naturwissenschaftler einem solchen Aberglauben anhängen könne; daran glaube er doch nicht ernsthaft?
Nein, natürlich glaube er nicht an diese Dinge, antwortete Bohr, aber das sei kein Problem für ihn; man habe ihm versichert, es wirke auch, wenn man nicht daran glaubt.

Es wirkt auch, wenn man nicht daran glaubt

So oder ähnlich könnte es wohl bei vielen Menschen sein. Auch bei Paaren finden wir bei einem der Partner häufig diese Einstellung. Eine Frau befasst sich mit Symbolen, und sie ist neugierig, was sie bedeuten könnten. Sie ist überzeugt von ihrer Wirkkraft. Der Mann hingegen bezieht einen naturwissenschaftlichen Standpunkt. Er hegt die größten Zweifel, ob Symbole wirklich ernst zu nehmen sind. Die Skepsis kann sich auf den Umgang mit Symbolen beziehen und genauso auf die Spiritualität. Er kann nur das als „wirklich" anerkennen, was zu sehen, messbar, zu wiegen oder anzufassen ist. Dabei können

Symbole auf wunderbare Weise vielen Paaren behilflich sein, aus den Gegensätzen und den damit entstehenden Spannungen und Verwicklungen herauszufinden. Wir können Symbole für die Erweiterung unseres Blickwinkels, für unsere Entwicklung als Frau und Mann nutzen – und so auch für die Paarbeziehung. Wir werden auf uns selbst aufmerksamer, wenn wir auf Symbole achten, die uns im Alltag begegnen. Unsere Bedürfnisse und auch heimlichen Wünsche und Sehnsüchte können deutlicher werden. Es kann dadurch eine größere Achtsamkeit mit uns selbst und unserem Partner entstehen, auch in Bezug auf wichtige Themen der Paarbeziehung.

Wesentliche Pole in einer Partnerschaft sind beispielsweise Bindung und Autonomie. Wir haben die Aufgabe, uns um beide Themen zu kümmern, jeder für sich als Frau und als Mann um die Autonomie und gemeinsam oder im Wechsel um die Bindung.

Auf dem Weg zur Arbeit, an der Straße, überall kann uns ein Symbol auffallen oder zufallen. Es kommt von außen etwas auf uns zu, will bei uns nach innen wandern. Ein Werbeplakat fasziniert uns. Es strahlt uns eine Frau in einem roten Pulli an, ein leuchtendes Rot, das unsere derzeit grauen Gefühle vielleicht wachrüttelt.

In mir als Frau können Überlegungen in Gang kommen: Wann habe ich zum letzten Mal etwas Rotes getragen, das ist ja eine interessante, eine tolle Farbe, könnte mir auch stehen. Solche oder ähnliche Gedanken schwirren uns durch den Kopf. Beim nächsten Stadtbummel bemerken wir an uns, dass wir nach roten Kleidern schauen. Die Farbe Rot will offensichtlich zu uns. Sie will in uns etwas bewirken, will uns vielleicht verlebendigen und Feuer ins Leben bringen. Der Eros will zu mir als Frau und in mir wieder spürbar werden. Die Begeisterung für das Leben als Frau und die Freude, sich als Frau zu zeigen, ist möglicherweise durch die Doppelbelastung mit Beruf,

Haushalt und Kindern zugeschüttet worden. Da hat vielleicht der Eros auch in der Partnerschaft karge Zeiten gehabt und will nun uns als Paar wieder erreichen!

Oder wir werden von einem Bild in der Kunst berührt, gehen damit um und bemerken, dass dieses Bild uns immer wieder einfällt. Wir fangen an, nach der Bedeutung für uns zu suchen. Eine Frau erzählte, wie sehr sie von der Ausstellung der Gemälde von Frida Kahlo in Berlin 2010 berührt war. Die Mexikanerin Frida Kahlo war durch einen schweren Unfall chronisch krank und fast bewegungsunfähig, und dennoch hat sie leidenschaftlich gelebt und etwas aus ihrem schweren Schicksal gemacht! Sie gab sich nicht auf. Sie kämpfte über das Malen für sich und ihre innere Heilung. Das kann auch anderen Frauen Mut machen, trotz widriger Lebensumstände und äußerer sowie innerer Verletzungen nicht aufzugeben. Hier ist der künstlerische Ausdruck einer Frau Symbol für den Lebenswillen.

Eine andere Frau erzählte, in ihrem Urlaubsort seien ihr prägnant kantige Skulpturen aufgefallen, die dort ausgestellt waren. Es wurde ihr plötzlich deutlich, dass sie das Runde in ihrer Beziehung zu sehr betonte und verkörperte, keineswegs von der Figur her, sondern in ihrer Lebensweise und in ihrem Verhalten. Der Mann zeigte Ecken und Kanten, sodass sie kompensatorisch eher das Runde und Weiche betonte. Es hatten sich Einseitigkeiten entwickelt. Beide brauchen in der Partnerschaft das Runde und das Eckige. Beide brauchen die Fähigkeit, nachzugeben, rund zu sein, auch die Fähigkeit, Grenzen zu setzen, kantig zu sein. Über die Skulpturen konnte das Paar in ein gutes Gespräch über diese Einseitigkeiten ihrer Beziehung kommen.

Andere Menschen werden vom Thema eines Films regelrecht umgetrieben. Sie fühlen sich wie wachgerüttelt. Wiederum andere erleben dies in der Literatur, durch ein Buch, das sie sehr anspricht. Sie erzählen: „Da sind mir plötzlich die Augen aufgegangen."

Es gibt unendlich viele verschiedene Impulse und Symbole von außen, die uns beschäftigen können und unsere Aufmerksamkeit für unsere Entwicklung wach werden lassen.

Ebenso intensiv können Symbole uns von Innen her aufwecken. Sie steigen aus unserer Seele in Träumen, Bildern und Imaginationen auf. Mitunter wachen wir morgens auf und finden einen Traum merkwürdig, seltsam, beängstigend, lustig. Wie immer sie uns entgegenkommen: Symbole können uns einen Zugang zu den heilenden und schöpferischen Kräften unseres Wesens schaffen. Sie helfen uns, unbewusste Themen bewusstzumachen, auch Konflikte zu erkennen und zu überwinden.

Bei einem Paar hatte die Frau nach einer anstrengenden Wanderung im Urlaub den Traum, dass sie ihren Mann in einer Stadt verloren hatte und einen sehr anstrengenden Weg mit dem Rad allein nach Hause fahren musste. Sie erzählte den Traum beim Frühstück und ihr Mann hörte, wie anstrengend alles im Traum war und wie überanstrengt sich seine Frau im Traum gefühlt hatte. Er konnte innehalten, sich von dem Symbol der Überanstrengung berühren lassen, sodass ein Gespräch über den Sinn des Erholens im Urlaub entstehen konnte. Wie viel Herausforderung ist Erholung und was bedeutet Anstrengung, die über die Grenzen seiner Frau geht? Sie verständigten sich auf einen ruhigen erholsamen Urlaubstag, mit einer kleinen Wanderung und vielen Ruhepausen.

Die Begegnungen mit Symbolen in unseren Träumen und Bildern können uns auf Themen aufmerksam machen, die zu kurz kommen, so etwa dic Ruhepausen beim Wandern. Mitunter können die Symbole uns auch ungelebte Fähigkeiten und Begabungen entdecken lassen.

Ich frage Paare oft, welches Symbol oder Bild ihnen zu der Not in ihrer Beziehung einfällt. Das Unbewusste unserer Seele weiß oft schnell Bescheid und eine treffende Idee kommt aus der Intuition. Ebenso frage ich, mit welchem Symbol sie sich wieder wohler fühlen könnten. So wird die Vision ebenfalls gleich in den Beziehungsraum geholt.

Ein Paar in der Krise, beide in technischen Berufen tätig und sehr rational im Leben unterwegs, schien seine Liebe verloren zu haben. Ich fragte den Mann, welches Symbol ihm zur anfänglichen Liebe einfiel, und er nannte eine Blumenwiese. Es wurde deutlich, dass über die Rationalität des Paares die Blumenwiese, also die Bereiche, in denen die Liebe blühen kann, verloren gegangen war. Beide waren verunsichert und wussten nicht mehr, wo sie gemeinsam Blumen pflücken könnten. Und diese Wiese galt es jetzt wiederzufinden. Beide waren zutiefst berührt von ihrem Symbol der Liebe. Sie konnten sich spontan auf dieses Symbol verständigen und darauf einlassen, nach ihrer Wiese zu suchen, auf der sie Blumen pflücken könnten.

Was bedeutet ein Symbol?

„Symbol" kommt vom griechischen Wort „symbolon", und das bedeutet „Zusammengefügtes". Im Symbol werden unterschiedliche Aspekte einer Sache oder auch einer Situation miteinander verbunden. Die Gegensatzvereinigung ist ein wesentliches Kennzeichen eines Symbols im Unterschied zu einem Zeichen. Zeichen sind eindeutig. Das Verkehrszeichen oder die Zeichen in der Computersprache sind klar und für alle ersichtlich anzuwenden. Symbole hingegen haben einen archetypischen Kern, etwas, das die momentane Bedeutung eines Symbols überdauert und übersteigt. Es kann in einer anderen Lebenssituation wieder auftauchen und dann eine etwas andere Bedeutung für den Menschen haben. Im Kern jedoch hat ein Symbol etwas Überdauerndes, das auch als unausprechlich bezeichnet wird. Denken Sie an die Blumenwiese oder das Hufeisen. Es verbindet Vergangenheit, Gegenwart und Zukunft. Es trägt in sich etwas, das war, ist und immer sein wird. C. G. Jung nannte dies die archetypische Dimension eines Symbols. Es ist allgemeingültig, und gleichzeitig ist es individuell.

Ein Symbol ist im Augenblick seines Auftauchens für den Menschen eine Aufgabe. Wenn der Sinn erfüllt ist, tritt das Symbol in den Hintergrund, und es kann ein anderes erscheinen. Symbole wollen uns mit unseren unbewussten Tiefenschichten der Seele, mit dem Unbewussten in Beziehung bringen. Mit uns selbst in Beziehung zu sein ist wesentlich, damit wir auch mit anderen Menschen in Beziehung sein können. Wenn wir mit uns selbst nicht in Beziehung sind, wissen wir nicht, was für uns wirklich wichtig ist.

Die Folge dieser Beziehungslosigkeit kann sein, dass Menschen zu Mitläufern werden, sei es in der Paarbeziehung, an der Arbeitsstelle oder auch in Freundschaften. Gleichzeitig fühlen sie sich fremdbestimmt und werden deshalb ärgerlich auf andere. Ein Symbol kann an dieser Stelle eine Signalwirkung für uns haben. Es sagt uns: Schau, was für dich selbst wichtig ist!

Die Farbe Rot ist mit elementaren Themen verbunden, dem Feuer, der Liebe und der Leidenschaft, auch der Aggression und Sexualität. Das kann als Kern des Symbols „Rot" gesehen werden. Für einen Menschen, der von der Farbe Rot träumt, oder für die Frau, die diesem Symbol auf dem Plakat an der Straße begegnet, hat es jedoch eine individuelle Bedeutung. Das kann für Frau und Mann unterschiedlich sein, wesentlich ist, dass wir für uns selbst den Sinn erfassen, den eine Farbe oder ein anderes Symbol hat. Dann sind wir in Beziehung mit unserem Unbewussten.

Wenn wir ein Symbol verstehen, damit umgehen können und den Sinn erfassen, kann ein Gefühl der Übereinstimmung mit uns selbst entstehen, Aaron Antonovsky nennt dies ein Kohärenzgefühl.

Man kann auch sagen, das Symbol weist für den Menschen, der davon berührt ist, über sich selbst hinaus auf einen übergreifenden Sinn. Die Transzendenz schimmert in vielen Symbolen durch, selbst wenn es uns nicht bewusst ist. Es wird für viele Menschen eine übergeordnete Dimension oder ein übergeordnetes Ziel im Symbol spürbar. Deshalb wirkt es so stark auf uns. Es ist treffend, betrifft uns und setzt in uns etwas in Bewegung. Goethe nannte das Symbol eine „aufschließende Kraft".

Ob wir allerdings etwas als Symbol wahrnehmen können, hängt von unserer ganz persönlichen Einstellung ab. Je nach Persönlichkeit kann es einen Zugang zum Symbol geben oder eben nicht. So ist es auch im Bereich der Spiritualität. Ob wir Zugang suchen und finden, hängt von unserer persönlichen Einstellung ab. Dennoch hat jeder Mensch die Möglichkeit, Spiritualität zu erleben. Ingrid Riedel spricht vom „Archetyp der Religiosität".

Ein Paar war am Anfang seiner vorsichtigen Verliebtheit zur Vorweihnachtszeit in einer Kirche. Beide suchten Ruhe nach dem Trubel eines Weihnachtsmarktes. Sie saßen allein im Kirchenschiff, waren versunken in die Stille des Raumes; der Lärm der Stadt war weit weg. Plötzlich leuchteten die elektrischen Kerzen zu beiden Seiten des Altares auf, und Orgelspiel setzte machtvoll ein. Beide waren zu Tränen gerührt und ergriffen. Der Mann würde sich nicht als religiös bezeichnen, aber dieser Augenblick hatte eine Dimension des Göttlichen und der Ewigkeit, dem auch er sich nicht verschließen konnte, obwohl er aus der Kirche ausgetreten war. Die Religiosität der Frau und die religiöse Skepsis des Mannes spielten keine Rolle mehr. Der Gegensatz war ausgeglichen in diesem Moment, als die Kerzen aufleuchteten und Orgelmusik die ganze Kirche füllte. Die Spannung der Unterschiedlichkeit war im Symbol transzendiert. Gleichzeitig war eine tiefe Gefühlsverbindung zwischen der Frau und dem Mann hergestellt, wie in einem Schöpfungsakt.

Im Nachhinein erzählten sie sich, dass sie beide in diesem Moment ans Heiraten dachten. Die Kirche als ein Raum, in dem Transzendenz, Spiritualität und Geborgenheit im Göttlichen zu Hause sind, erweiterte das Geschehen des Moments. Die Zukunft leuchtete hier in die Gegenwart hinein.

Es wird deutlich, wie Symbole als Begleiter auf dem Weg zu spirituellen und transpersonalen Erfahrungen entstehen. Sie können auf eine ganz eigene, nämlich symbolische Weise auf eine Wirklichkeit verweisen, auf das Mysterium, aus dem wir kommen und wohin wir gehen.

Symbole und der Schatten

Symbole können uns auch mit unseren Schattenseiten konfrontieren. Damit sind Eigenschaften unserer Persönlichkeit gemeint, die wir gar nicht gern an uns sehen und wahrhaben wollen. Da taucht plötzlich ein Dieb in unseren Träumen auf, und wir müssen uns fragen, ob wir vielleicht in unserer Partnerschaft räuberisch sind, zu viel nehmen und zu wenig geben, sodass dieses Thema im Symbol des Diebes auftaucht.

Symbole aus Träumen und Imaginationen sind Teile von uns, die wir möglicherweise übersehen haben. Nun versucht das Unbewusste durch ein Traumsymbol einen Hinweis darauf zu geben, dass irgendetwas aus dem Gleichgewicht geraten ist. C. G. Jung nannte die Beschäftigung mit den dunklen Seiten unseres Wesens Schattenintegration. Der persönliche Schatten spielt in allen Paarbeziehungen eine erhebliche Rolle.

Wir wollen uns in der Zeit der Verliebtheit natürlich von unserer besten Seite zeigen. Den Schatten, also das, was auch gesellschaftlich nicht akzeptiert wird, versuchen wir eher zu verbergen. Dazu gehören Intoleranz, Eifersucht, Neid, Habgier und anderes. Der Begriff Schatten bedeutet bei C. G. Jung aber auch das Ungelebte in uns. Bestimmte Seiten von uns bleiben im Schatten liegen, die bisher nicht gelebt werden konnten und durchaus gewollt sind. Es gibt schüchterne Menschen, die aber sehr begabt sind, sei es sprachlich oder musikalisch, sportlich oder künstlerisch. Sie konnten ihre Begabungen im Kontext ihrer Familie nicht leben und wurden nie gefördert. Hier führt das Positive ein Schattendasein.

Oft verlieben wir uns in jemanden, der anders ist als wir selbst, weil uns manche Teile unserer Persönlichkeit nicht zugänglich sind. Wenn wir bei unserem Partner auf solche Schattenanteile treffen, die ungelebt sind, so sind wir ganz fasziniert. Ein eher ruhiger, introvertierter Mann, der sich in eine extravertierte, temperamentvolle Frau verliebt, wird fasziniert von ihr sein, weil ihm diese Anteile bei sich selbst schwer zugänglich sind. Die Frau wiederum findet in dem eher introvertierten Partner einen ruhigen Ort, den sie bisher in sich vielleicht noch nicht gefunden hat.

Zur Grundausstattung unserer Seele gehört ein Streben nach Ganzheit und Vollständigkeit. Im Umgang mit Symbolen umkreisen wir auf eine eigene Art unsere Sehnsucht nach Ganzheit, und diese Sehnsucht nach Ganzheit führt uns ja auch in die Paarbeziehung.

Sehr anschaulich wird dieser Aspekt in Platons *Symposion* dargestellt. Platon entwirft einen Mythos von der Entstehung der Menschheit: Ursprünglich sei der Mensch ein kugelförmiges Einheitswesen mit zwei Gesichtern nach vorn und nach hinten, vier Armen und vier Beinen gewesen. Als dieses Kugelwesen gegen die Götter aufbegehrte, wurde es von Zeus zur Strafe in zwei Teile gespalten: den Mann und die Frau. Seit dieser Trennung von der ganzheitlichen Kugelgestalt ist das Sehnen des Mannes und der Frau darauf gerichtet, wieder in den Ursprungszustand zurückzufinden. So erhoffen und erträumen wir uns, über den Menschen an unserer Seite ein wenig „vollständiger" oder, religiös ausgedrückt, „heiler" zu werden. Dorothee Sölle spricht von dem „Bedürfnis nach einem unzerstückelten Leben", auch das ist die Sehnsucht nach Ganzheit.

Erstaunlicherweise wirken Symbole auch bei Menschen, die nicht daran glauben. Ein Mann, der in einen technischen Beruf eingebunden war und kurz vor einem Burnout-Syndrom stand, erzählte von einem Traum mit einem Pferd. Er war sehr angerührt von diesem Pferd und konnte sich der Vitalität und der Zuneigung zu diesem kraftvollen Symbol gar nicht entziehen. Es wurde ihm deutlich, dass er sich mitunter eher roboterartig fühlte, sei es beruflich oder in seiner Partnerbeziehung. Auch die Sexualität des Paares war seit Monaten eingeschlafen. Er konnte sich auf die Frage einlassen, wie wohl die Vitalität des Pferdes wieder in sein Leben und in die Paarbeziehung finden könnte. Das Symbol wirkte aus eigener Kraft, auch wenn er selbst zunächst keinen bewussten Umgang mit Symbolen pflegte. Er konnte sich diesem Symbol des Pferdes öffnen und bezog deutlichen Gewinn aus diesem Traum. Er war allerdings neugierig auf das Symbol geworden und damit auch auf sich selbst. Dieser minimalen Neugier bedarf es allerdings, auch ein wenig Interesse, sich mit dem Symbol zu befassen.

Symbole haben ihre Zeit

In Partnerschaften soll einerseits das Paar eine Entwicklung erfahren, aber auch eine je eigene Entfaltung als Frau und als Mann möglich werden. Diese jeweils eigene Entwicklung als Frau und Mann bezeichnete C. G. Jung als Individuationsprozess. Viele Menschen sprechen heute von ihrer Selbstverwirklichung, aber es geht dabei nicht um eine grandiose Selbst-

Inszenierung, sondern um das uralte „Werde der du bist!". Damit verbunden ist die Frage nach dem Sinn in unserem Leben. Wenn zwei Menschen als Paar im Leben unterwegs sind, haben sie auch die Aufgabe, ein Beziehungsselbst zu finden. Damit ist der Sinn einer Beziehung gemeint, eine gemeinsame Aufgabe, die über das Alltägliche hinausweist. Kinder sind für eine Beziehung oft eine Aufgabe, die über sich selbst hinausweist. Aber auch gemeinsame Projekte, die Sinn machen und sinnvoll sind, können ein besonderes Wir-Gefühl und damit ein Beziehungsselbst entstehen lassen.

Es geht in einer Beziehung darum, den Dreiklang aus Ich, Du und Wir gleichzeitig sorgsam zu beachten, das Wir als Paar und im nächsten Schritt das Wir als Familie. Wenn ein Teil des Systems in Not ist, dann entstehen Disonanzen, die zwar mitunter auch notwendig sind, um verkrustete Strukturen aufzulösen, aber auch alle anderen Teile betreffen. Es gibt ein besonderes Aufmerken, und das kann die Aufgabe eines Symbols sein.

In Paartherapien sprechen wir gern vom Symbol der vier Jahreszeiten einer Beziehung und den entsprechenden Entwicklungsaufgaben und Entfaltungsmöglichkeiten eines Paares. Eine Paarbeziehung beginnt natürlicherweise mit dem Frühling. Es ist der Anfang mit seinem Aufbrechen und Erblühen der einzigartigen Glücksgefühle und der Leidenschaft in der Verliebtheit. Am Anfang gab es meist etwas Besonderes, das beide am Anderen so fasziniert hat, das beide am Anderen geliebt, geachtet und geschätzt haben, welche Phantasien sie hatten, was sie miteinander sein und werden könnten. Das ist von großer symbolischer Bedeutung. Vivaldi hat dies in seiner Frühlingsmusik in den *Vier Jahreszeiten* wunderbar ausgemalt. Es ist, als ob in dieser Zeit ein Samenkorn in die Erde fällt. Der Frühling mit seiner Aufbruchsstimmung hat auch in der Natur eine besondere Faszination. Alles wird grün, es blüht auf den Wiesen und die Veilchen und Schlüsselblumen leuchten uns entgegen. Bei Hildegard von Bingen ist die Symbolfarbe „Grün" so wichtig, weil sie uns in der Heilkraft der Natur entgegentritt. So legen sich Verliebte gern im Frühjahr auf die grüne Wiese, also ob das Unbewusste ihrer Seelen von der Heilkraft der Farbe Grün weiß und es einatmet.

Der Sommer mit seiner Hitze und der ganzen Fülle und der Ernte kann die Familiengründung meinen: Kinder werden geboren oder Projekte, die sich ein Paar als Aufgabe gestellt hat.

So schön der Sommer auch ist, er hat auch seine anstrengenden Seiten. Es kann so unerträglich heiß werden, dass man sich wie gelähmt fühlt von der Hitze. Genauso kann man sich in einer Beziehung gelähmt und gedrückt fühlen. Paare können sich wie ausgetrocknet vorkommen, wie die Natur in der Hitze des Sommers, wenn wochenlang kein Regen fällt.

So kann sich der Sommer in der Paarbeziehung sehr unterschiedlich zeigen. Kindererziehung kann bei aller Freude und allem Spaß auch eine extrem anstrengende Zeit sein, in der Eltern sich ausgelaugt und erschöpft fühlen. Jugendliche bringen mit ihrer Hitzigkeit in der Pubertät die Eltern mächtig in Bewegung und probieren aus, wie weit sie gehen können. Manche Eltern mögen sich danach sehnen, dass es bald Herbst wird und die Kinder aus dem Haus gehen, damit die Partnerschaft wieder mehr Zeit und Raum haben kann.

Vom Herbst einer Beziehung sprechen wir, wenn ein Paar gemeinsam in die Jahre gekommen ist. Es darf auch ruhiger werden, ohne dass es langweilig sein muss. Wesentlich ist, sich dieser neuen Phase bewusst zu widmen, sich zu fragen: Was bedeutet mir als Frau und als Mann der Herbst unserer Beziehung, was stelle ich mir darunter vor? Welche Impulse bin ich selbst in die Beziehung einzubringen bereit? Welches Symbol fällt mir zum Herbst unserer Beziehung ein? Das kann die späte Apfelernte sein, die Traubenernte, aber auch die welken Blätter oder die welke Haut.

Der Winter einer Beziehung kann das reale hohe Alter mit dem Thema Tod und Sterben sein. Aber auch in dieser letzten Lebensphase kann es Ahnungen von Frühling geben, in denen ein altes Paar sich an wunderbare Momente des Anfangs erinnert. In jeder Phase der Beziehung können auch die anderen Phasen auftauchen und mit ihrer Präsenz Harmonie oder Verwirrung stiften.

Unruhe entsteht mitunter in der Beziehung, wenn einer der Partner extrem ausgelaugt ist und plötzlich winterliche Gefühle mitten im Sommer der Beziehung entstehen. Dies kann mit der Überarbeitung zusammenhängen. Es kann aber auch vor realen Trennungen kälter werden und sich ein Ersterben von lebendigem Miteinander als winterliche Atmosphäre ankündigen. Bildlich gesprochen dominieren Schnee und Eis, wenn es um das Überleben oder Sterben der Beziehung geht. Das ist für alle Beteiligten eine sehr spannungsreiche Zeit.

Die vier Jahreszeiten haben mit ihrer Symbolkraft aus der Natur eine Orientierung gebende Funktion. Wenn wir wahrnehmen, in welcher Phase der Paarbeziehung wir uns gerade befinden, ist es mitunter leichter, zu verstehen, warum bestimmte Lebensthemen gerade jetzt auf uns zukommen. Das Symbol der Jahreszeit kann uns Einblicke in die Welt unserer Seele gewähren, wie sie sich dauernd wandelt und umgestaltet. Der geheime Sinn mag sich offenbaren in allem, was uns zuvor als Chaos und Verwirrung erschien.

Die unterschiedlichen Wandlungsaufgaben im Verlauf einer längeren Paarbeziehung sind oft nicht leicht zu erkennen. Der Alltag in der Paarbeziehung mit seinen verschiedenen Aufgaben und Lasten kann mitunter das Verbindende zwischen den Paaren zuschütten. Um dem vorzubeugen, muss man eine Beziehung pflegen.

In unserem 21. Jahrhundert sind oft beide Partner berufstätig, und beide achten auf ihre Autonomie. Sie laufen Gefahr, keine gemeinsame Zeiten mehr zu finden, um auch darüber zu sprechen, was sie brauchen, um sich miteinander wohlzufühlen, wo sie gerade stehen und was für sie als Paar ansteht. Inzwischen müssen sie gemeinsame Zeiten planen wie einen beruflichen Termin. Sonst kommt es leicht zu Situationen, in denen sie sich im anstrengenden Familien- und Beziehungsalltag beinahe verlieren und dann in Krisen geraten. Aber gerade in solch schweren Zeiten, wenn Krisengefühle stärker sind als Liebesgefühle, können gemeinsame Symbole des Frühlings und somit des Anfangs eine belebende und verbindende Kraft entfalten. Es kann nicht oft genug betont werden: Im Umgang mit Symbolen im alltäglichen Leben können in uns schöpferische Kräfte freigesetzt werden, die uns aus eingefahrenen Wahrnehmungen und Einstellungen befreien können.

Alles kann Symbol sein

Eine Frau ist bekümmert über das Nachlassen der erotischen Verbindung zu ihrem Mann. Ganz unbeabsichtigt entstand im Alltag ein Mangel an Beziehungspflege und das Paar hat sich immer weiter voneinander entfernt. Die Frau ist frustriert, sie hat das Gefühl, für ihren Mann nicht mehr begehrenswert zu sein. Sie fängt an, einen Groll zu hegen, und wird leicht gereizt. Als beide eines Abends im Wohnzimmer sitzen, fällt ihr plötzlich eine gemeinsame Musik aus ihrer Anfangszeit ein: „Schatz, kannst du dich an die Musik erinnern, die wir so oft gehört haben, als wir am Anfang verliebt waren?" „Hm", brummt er hinter seiner Zeitung hervor. Sie legt die Musik auf. Beide hören sie und er lässt die Zeitung sinken. Ein wissendes Lächeln huscht über sein Gesicht. Die musikalische Erinnerung an eine Zeit der Verliebtheit und die Glücksgefühle von damals öffnen ihn für seine Frau. Diese besondere Musik war für dieses Paar ein Symbol des Anfangs, das noch viele Jahre später in eine liebevolle Verbundenheit führen konnte. Plötzlich konnte Gott Eros mit seinen Pfeilen die Seelen wieder treffen und beide waren tief berührt.

Diese Frau war im Alltag wirklich verzweifelt und nahm an, ihr Mann interessiere sich nicht mehr für sie. Das Paar konnte über das Symbol der Musik wieder eine Anknüpfung an positive Erfahrungen finden und Öffnung entstand für beide. Es hätte leicht sein können, dass die Frau ihrem Mann immer öfter vorwarf, er kümmere sich nicht genügend um sie und die Beziehung leide darunter, und schon hätte sich das Paar in eine Sackgasse hineingestritten und verrannt. Es ist aber gut gegangen. Die Frau erinnerte sich an den glücklichen Anfang ihrer Beziehung, ließ ihren Mann daran teilhaben und bezog ihn in ihre Erinnerungen ein. Und er konnte sich öffnen und ließ sich von dem Symbol der Musik berühren. Sich von einem Symbol berühren zu lassen, es emotional auf sich wirken zu lassen ist ganz entscheidend für die Wirkkraft eines Symbols.

In der Paartherapie sprechen wir davon, dass man die Ressourcen des Anfangs für sich nutzen kann. Der Zauber des Anfangs entschwindet mitunter rasch, wie wir alle wissen. Symbole und Rituale aus dieser Zeit können uns auf geheimnisvolle Weise in die Sphären dieses Anfangs zurückführen. Vielleicht denkt der eine oder andere Leser: Was hat Musik mit einem Symbol zu tun? Symbole werden eher der bildenden Kunst zugeordnet als Tönen, Klängen und Liedern. Die Musik als Symbol ist als dynamischer Lebensfluss zu verstehen, der sich beständig verwandelt. In den unendlich vielen Varationen, wie sie die Musik uns bietet, sind die menschlichen Gegensätze in völlig unterschiedlichen Tönen und Nuancen ausgedrückt. Die Musik verbindet, sie ist dynamisch; es löst sich wieder etwas auf und ist voller Überraschungen. Und das ist auch das Besondere am Umgang mit Symbolen: Es gibt noch Überraschungen. Wie oft sind wir über ein Symbol erstaunt, das im Traum auftaucht.

Neugierig können wir es umkreisen und uns auf die Suche machen, was es ganz allgemein bedeutet und welche Bedeutung es für unsere spezielle Lebenssituation jetzt haben könnte. Mitunter ist es auch hilfreich, mit Außenstehenden darüber zu sprechen, wenn ein Traum oder ein Symbol uns besonders umtreibt. Es muss nicht gleich eine lange Therapie daraus entstehen. Auch kurze Beratungen sind für viele Menschen ausgesprochen hilfreich.

Symbole verstehen

Beim Verstehen eines Symbols ist die Wirklichkeit des Betrachters entscheidend. Wenn er über das Symbol nachdenkt, gehen die Biografie und die momentane Befindlichkeit des Menschen in die Bedeutung des Symbols mit ein. Auch das Geschlecht des Betrachters spielt eine wichtige Rolle. Es ist ein Unterschied, ob ein Mann von einem Fußball träumt oder eine Frau. Natürlich ist auch wichtig, welche Einstellung Frau und Mann zum Fußball haben, welche Bedeutung sie ihm beimessen und wie ihre eigene Geschichte mit dem Fußball verbunden ist. In den Kindertherapien fällt auf, dass Jungen eher im Fußball den Helden spielen und körperliche Geschicklichkeit zeigen. Bei Mädchen geht es meist viel mehr um eine Verlebendigung ihrer zurückgehaltenen Vitalität. Mädchen sind anfangs viel vorsichtiger, bis sie mit dem Ball kräftig zu schießen beginnen und zu ihrer Körperkraft finden. Deshalb ist es auch so entscheidend zu wissen, was dieses Symbol für jeden Einzelnen bedeutet und wie es bisher in seinem Leben präsent war. Die persönliche Bedeutung wird für jeden Betrachter ganz unterschiedlich ausfallen.

Jedes Symbol hat einen übergreifenden Sinn. In der Analytischen Psychologie C. G. Jungs sprechen wir von Archetypen oder vom archetypischen Gehalt eines Symbols. Auch kollektive Symbole sind Veränderungen unterworfen, auch wenn sie im Kern gleich bleiben. So ist die Sonne im allgemeinen, archetypischen Sinn ein Symbol für Licht, Bewusstwerdung und Wärme. Im alten Ägypten wurde der Sonnenaufgang so interpretiert: Der Sonnengott Re als oberster Gott kam am Morgen von der Nachtruhe zurück, die Sonne ging auf. Am Abend legte er sich zur Ruhe und verschwand wieder, die Sonne ging unter. So war der Sonnengott Re der Lichtbringer und genoss besonders hohes Ansehen bei den Menschen.

Die Sonne als Symbol ist für uns Menschen im 21. Jahrhundert zwar auch noch Lichtbringer und Symbol für Bewusstseinsentwicklung, dennoch wird heute auch die zerstörerische Kraft der Sonne gesehen. Mediziner warnen vor Hautkrebs und Ozonschädigung. Wir schützen uns deutlich mehr vor der Sonne, als die Menschen dies in früheren Zeiten taten. Wir haben ein anderes Bewusstsein und Wissen von der Sonne. Symbole müssen also auch auf dem Hintergrund des zeittypischen Bewusstseins betrachtet werden.

Symbole als Ritual

Jeder Mensch hat Grundbedürfnisse. Diese zu berücksichtigen ist für eine gute Partnerschaft, die auf Dauer angelegt ist, wesentlich. Bindung und Autonomie, Resonanz, Zuwendung, Körperlichkeit und Liebe sind Grundbedürfnisse. In einer Paarbeziehung müssen diese Grundbedürfnisse beider Partner berücksichtigt werden. Im Alltag ist ein achtsamer Umgang mit Resonanz geboten. Das können Kleinigkeiten sein, die aber die Liebe lebendig halten. Es ist, als müsste das Feuer der Liebe stets mit neuem Brennholz versorgt werden; wir nennen es Beziehungspflege. Ein Kuss zum Abschied oder eine Umarmung kann tägliches Ritual und Symbol der Zuneigung sein. Die morgendliche Nachfrage, ob der Partner gut geschlafen und etwas geträumt habe, zeigt Interesse am Anderen. Resonanz ist die freundliche Antwort; Berichte vom anstrengenden Arbeitstag brauchen Resonanz. So entsteht in Paarbeziehungen eine Erzählkultur. Und immer wieder ist es wichtig, einfach zuzuhören. Meist will der Erzähler weder einen Rat noch einen Kommentar, sondern nur etwas mitteilen, mit dem Partner eine Erfahrung teilen, und diese muss nicht bewertet oder kommentiert werden. Resonanz ist für Frauen auch wichtig im Blick auf eine neue Frisur, ein neues Kleid oder neue Schuhe. Frauen wollen von ihren Männern als weibliches Wesen wahrgenommen werden, und das gelingt ganz einfach mit kleinen Ritualen oder anderen kleinen Gesten wie einem Blumenstrauß ganz ohne Anlass im Alltag. Dies sind Symbole und auch Wegweiser für eine lebendige Partnerschaft. Kürzlich hörte ich von einer Studie, wonach die Frauen von den Männern am häufigsten „gute Manieren" erwarten. Gute Manieren sind ein Symbol für Wertschätzung, und das ist das Salz in der Suppe bei jeder Paarbeziehung.

Paare können wegen vielerlei Kleinigkeiten in Streit geraten. Auch das ist Resonanz, die aber ins Negative umgeschlagen ist. Anstatt Unterschiedlichkeit anzuerkennen und diese als Bereicherung für die Beziehung aufzunehmen, verstricken sich die Partner in Machtgebaren und Rechthaberei. Macht ist dann Ersatz für Beziehung geworden. In jedem Streit sind maximale Nähe und Distanz gleichzeitig zu spüren. Der Streit trennt die Partner, aber das Feuer im Streit verbindet. Wenn das Paar in der Lage ist zu sagen: „Jetzt hören wir aber auf, komm, wir lassen es gut sein", dann kann das Streiten tatsächlich auch belebend wirken. Häufig tritt allerdings das Gegenteil ein: Streitende fügen einander oft Verletzungen zu, die kaum wieder zu heilen sind.

Worte, meist sind es Abwertungen, können sehr nachhaltig verletzen. Um dieser destruktiven Dynamik vorzubeugen, können

Paare sich auf ein Symbol verständigen, etwa ein Stoppzeichen: die Hand hochhalten oder ein richtiges Stoppzeichen. Manche Paare kaufen sich in der Spielzeugabteilung einfach ein kleines Stoppschild. Wenn einer das Stoppschild nimmt, das griffbereit irgendwo liegt, dann ist für beide wirklich die Grenze erreicht. Es heißt: aufhören! Stopp ist ernst gemeint. Hilfreich ist es dann, einen neuen Termin für ein Gespräch auszumachen: Lass uns morgen oder übermorgen das Thema neu aufgreifen. Das könnte eine Möglichkeit sein.

Ein Paar, das schon über 40 Jahre verheiratet war, beide inzwischen über 70 Jahre alt, klagte über die Sprachlosigkeit in der Beziehung. Sie waren ein Streitpaar gewesen, haben sich wegen unendlich vieler Kleinigkeiten gestritten und sind dann über die Jahre verstummt. Beide waren gekränkt von den Verletzungen und Beleidigungen des Anderen. Nachdem wir über die Verletzungen und ihre Folgen, über Vergebung und Neuanfang gesprochen hatten, brauchte das Paar ein Ritual, einen Rahmen, in dem beide einander zu Hause etwas mitteilen konnten, ohne gleich wieder in Streit zu geraten, weil jeder eine andere Meinung vertrat. Und es war notwendig herauszufinden, was sie eigentlich noch verband. Hier konnte folgendes Ritual eine sehr wohltuende Wirkung entfalten: Beide lasen gern spirituelle Texte. Der Vorschlag ging dahin, beide sollten einander morgens beim Frühstück im Wechsel einen kurzen Text vorlesen. Sie mochten die Bücher von Anselm Grün, von Willigis Jäger, kleine Kalendergedichte; dazu hatten beide gute Ideen. Es ging jetzt darum, dem Anderen wirklich zuzuhören, den vorgelesenen Text nicht zu kommentieren, sondern einfach aufzunehmen, ohne ihn zu bewerten. Und das gelang. Sie haben es fortgeführt und es entstanden Momente von Nähe und Zufriedenheit als Paar. Die Texte und die Gedichte waren ein neuer Impuls, dem das Paar jetzt folgen konnte.

In der Wissenschaft wird die Ausrichtung auf etwas Neues als Emergenz bezeichnet. Von zwei Systemen – Mann und Frau sind ja jeweils ein System – wird etwas Neues eingebracht. Bei diesem Paar ist es ein neues Ritual beim Frühstück. Die vorgelesenen Texte sind das Symbol für das Neue und dieser neue Impuls war wirksam. Der eine gibt, der andere hört zu, und so entsteht etwas Drittes und Neues. Dieser Vorgang wird übrigens auch in der Chemie und anderen naturwissenschaftlichen Disziplinen beschrieben. In der Paarbeziehung ist es nicht nur wichtig, im Gespräch einander anzuschauen, sondern es ist auch die Fähigkeit gefragt, gemeinsam in dieselbe Richtung zu schauen. Die spirituellen Texte waren für das alte Paar eine neue Richtung, in die sie gemeinsam schauen konnten.

Recht häufig hat einer der Partner ausgeprägte Trennungsängste. Es steht eine Geschäftsreise an oder sonstige kleine Trennungen, die mitunter Panik auslösen können. Das hat meist mit dem eigenen Bindungsmuster zu tun, das die Betroffenen aus ihrer Herkunftsfamilie mitgebracht haben. Sicher gebundene Menschen sind zwar auch traurig, wenn der Partner wegfährt, aber diese Traurigkeit ist nicht mit Verlassenheitsängsten oder Panikgefühlen verbunden. Viele Paare geraten häufig in schwierige Situationen, denn beide wollen ja die kleinen Trennungen gut bewältigen. Auch hier bewähren sich Symbole und Rituale. Sogar für einen erwachsenen Menschen kann es hilfreich sein, etwas Kuscheliges zur Besänftigung der Angst mit ins Bett zu nehmen. In ihm lebt ja noch das Kind von früher, das Kind-Ich oder der Kind-Anteil. Vielleicht hat er damals als kleines Mädchen oder kleiner Junge zu wenig emotionale Sicherheit erlebt. Die Angst des Kindes ist nach wie vor im Gehirn abgespeichert und wird bei jeder erneuten Trennungssituation angetriggert, und das lebenslang. Das muss man wissen und entsprechend liebevoll und rücksichtsvoll damit umgehen. Ein Anrufritual am Abend kann ebenfalls beruhigen. Wichtig ist zu sagen: Alles in Ordnung, du kannst beruhigt schlafen gehen. Angst braucht Beruhigung, und wenn der Andere versucht, die Angst mit Argumenten zu vertreiben: „Du brauchst ja wirklich keine Angst zu haben", ist das nicht hilfreich. Die Angst ist im Gehirn, in der Amygdala (Mandelkern), gespeichert und es hilft nur Beruhigung.

Der Partner, der zu einer Geschäftsreise aufbricht, muss sich auch nicht beleidigt fühlen: „Warum ist meine Frau oder mein Mann aber auch so misstrauisch!" Meistens haben diese Ängste mit der eigenen Herkunftsgeschichte zu tun. Viele sind in emotional unsicheren oder ambivalenten Bindungen aufgewachsen und haben keine wirkliche innere Sicherheit gewonnen, sodass sie auf Sicherheit gebende Rituale oder Symbole angewiesen sind. Es besteht sonst die Gefahr, dass jede kleine Trennung für die Beziehung ein ganz starker Stressfaktor ist. Hier brauchen beide Partner viel Verständnis und Sensibilität füreinander.

Ganz anders verhält es sich, wenn es in der Partnerschaft schon Untreue gegeben hat. Dann sind die Ängste berechtigt, weil sie mit der Erfahrung in der Beziehung selbst zusammenhängen. Wenn nach überstandener Untreue das Paar sich für einen Neuanfang entschieden hat, können Symbole wieder hilfreich sein, etwa ein neuer Ring.

Symbole der spirituellen Verbindung

Ein zentrales Symbol der Verbindung ist in der Paarbeziehung der Ring. Er ist aufgrund seiner Form, ohne Anfang und Ende, ein Symbol der Ewigkeit. Er ist Ausdruck der Verbindung, der Treue und der Zugehörigkeit. Ob mit dem Geschenk eines Rings eine Heirat verbunden ist, wird unterschiedlich gehandhabt. Aus vielerlei Gründen gibt es bekanntlich immer mehr unverheiratete Paare. Häufig wird allerdings unterschätzt, welche Bedeutung für die Beziehung ein klares Ja vor einem Dritten hat. Das kann der Standesbeamte, der Pfarrer, das können Freunde sein. Dieses „Ja, ich will dich als meine Frau/ als meinen Mann" entspricht einem Grundbedürfnis nach Bindung und Verbindlichkeit, das in unserer flexibel ausgerichteten Zeit häufig zu wenig beachtet wird.

Natürlich haben wir alle nicht die Gewähr, dass dieses Ja bis zum Lebensende halten wird. Im kirchlichen Ritual wird das Ja noch unterstrichen mit dem Satz: „… bis dass der Tod euch scheidet". Ich weiß von vielen Paaren, wie wohltuend diese Klarheit ist. Oft haben sie lange gezögert, zu heiraten und sich über das Symbol eines Rings die Verbindung zuzusichern. Es ist ein ganz besonderes „Sich- gemeint-Fühlen", eine Sicherheit: „Ich werde wirklich gewollt als Frau/als Mann". Die kirchliche Heirat mit ihrem geistlichen Segen wird ebenfalls häufig als besonderer Schritt erlebt. Die Erfahrung, von Gott oder einer göttlichen Kraft gesegnet zu sein, verleiht diesem Schritt einen besonderen, höheren Glanz.

Schließlich noch eine schöne Episode zum Symbol des Rings: Eine Frau erzählte mir, sie habe als Kind geglaubt, dass der Ring die Erwachsenen zu Eltern macht. Man müsse den Ring auf eine bestimmte Art drehen, wie genau, das weiß keiner, und dann entstehen auf geheimnisvolle Weise Kinder. Ihre Patentante besaß keinen Ring, also hatte sie auch keine Kinder. Die Mutter dagegen hatte einen Ring und sieben Kinder. Dieses magische Denken finden wir häufig bei Kindern. Was sie nicht verstehen, versuchen sie sich mit Bildern und Symbolen zu erklären. Interessant ist, wie dieses magische Denken weiterwirken kann. Als diese Frau mit 22 Jahren verheiratet war, deutete sie bei jedem Abschied von ihrem Mann auf den Ring. Das taten dann beide. Wir sind verbunden, wollten sie damit einander mitteilen, auch wenn wir uns jetzt trennen. Vielleicht war auf einer tiefen Ebene auch der Kinderwunsch mit angesprochen, der allerdings unerfüllt blieb.

Es gibt Paare, die in tiefem Einverständnis gemeinsam spirituelle Symbole und Rituale pflegen. Das Bedürfnis nach Spiritualität scheint bei vielen Menschen aus dem inneren Wissen gespeist, dass der Mensch eben nicht vom Brot allein lebt. Oft gibt es Unsicherheiten und Ängstlichkeiten, wie man denn nun Spritualität im Alltag miteinander leben kann.

Auch hier hat die Regelmäßigkeit eines Rituals einen sehr verlässlichen Charakter und wirkt entspannend, beruhigend und angstlösend. Manche Menschen zünden morgens eine Kerze an, als ein Symbol für die Öffnung zum Tag hin. Sie nehmen die Stille in sich auf, das Aufleuchten der Kerze, das „Es werde Licht" der Schöpfung, und bereiten sich so auf ihren Arbeitstag vor.

Von einer Frau weiß ich, dass sie jeden Morgen für sich allein eine Bachkantate anhört. Sie greift in ihre große Bach-Sammlung und verlässt sich auf ihre Intuition, dass sie schon die für diesen Tag richtige Musik herausholen wird. Und das ist wohl auch so. Von dieser Art, in den Tag zu gehen, fühlt sie sich immer wieder neu spirituell gestärkt. Wenn dann ihr Lebensgefährte bei ihr ist, hören sie gemeinsam die Musik. Das Paar liebt eine Bachkantate, „Mit Fried und Freud fahr ich dahin" (BWV 125), in der beide von einem Duett besonders angesprochen sind. Sie nennen es die „Rituelle Bewegungskantate". Da fassen sie sich an den Händen, lassen sich wieder los, verbinden sich, lassen sich frei und bewegen sich dazu. Die Musik von Johann Sebastian Bach ist für dieses Paar ein Symbol der Verbindung. Wenn es ein Streitgespräch gab und der Sturm vorüber ist, hören sie gemeinsam, wie zum Laben und zum Trost der Seele, eine Bachkantate.

Ein anderes Paar liest sich jeden Morgen gegenseitig Losungen in griechischer Sprache vor; der Mann hat einst Griechisch gelernt, und beide üben sich dabei in dieser Sprache. Beide spüren den Psalmversen oder anderen biblischen Texten nach: ein gemeinsamer Erfahrungsraum für den Tag.

Andere Menschen oder auch Paare meditieren morgens miteinander. Dies sind Rituale, die einen spirituellen Raum symbolisieren, den man betreten kann, wenn man möchte. Die Begegnung als Paar im spirituellen Raum ist eine überaus heilsame und tiefe Erfahrung, wenn beide dazu bereit sind.

Die Musik von Johann Sebastian Bach wirkt auch überaus tröstlich und beruhigend, besonders heilsam bei Kränkungen und Verlassenheitsgefühlen. Bach selbst war ja ein früh verlassenes Kind: mit elf Jahren schon Vollwaise. Er verlor seine erste geliebte Frau; er kam von einer Reise zurück, und sie war schon beerdigt. Kinder sind ihm gestorben. Andere schwere Verluste musste er hinnehmen. Seine Fähigkeit, eine Musik zu erschaffen, die uns nach drei Jahrhunderten noch zutiefst berührt, trug ihn wohl zusammen mit seinem festen Glauben an Gott durch schwierige Zeiten, so wie sie uns heute noch als Symbol für Trost und Hoffnung tragen kann.

In unserer rationalen Welt, in der die Ökonomisierung der Gesellschaft im Vordergrund steht, ist die Sehnsucht nach Verbindendem groß. Der Umgang mit Symbolen schafft in der Seele des Menschen eine Offenheit, denn in Symbolen begegnen uns auch Überraschungen.

Im Symbol werden Gegensätze verbunden. Wenn ein Paar sagt: Wir sind wie Tag und Nacht, dann ist der Sinn der Unterschiedlichkeit ziemlich schnell klar. Diese beiden Seiten des Lebens gehören zusammen wie Yin und Yang. Wir müssen lernen, mit den Unterschieden umzugehen.

Man wird belohnt, wenn man sich auf ein Symbol emotional einlassen kann. Es kann ein Teil des Weges zur Selbsterkenntnis sein, der viele Menschen interessiert. Es kann ein Element menschlicher Reifung werden, die uns zufriedener macht.

Der Umgang mit dem Symbol kann gelernt werden; ein wenig Übung und Interesse muss man allerdings investieren. Wir alle wissen, dass noch kein Meister vom Himmel gefallen ist! Dieser Satz ist auch ein Symbol und eine ganz eigene Geschichte.

Wozu brauchst du das? Du hast doch mich!

Paula Weber

> *Mond und Wolken sind gleich,*
> *Berge und Täler verschieden.*
> *Alles ist gesegnet, zehntausendfach gesegnet.*
> *Ist dies eins? Sind dies zwei?*
>
> Mumonkan

Wenn nur einer sich aufmacht, einen spirituellen Weg zu gehen

Lassen Sie mich mit einer kleinen Anekdote beginnen: Da lernen sich zwei Menschen kennen. Sie ist bereits in eine meditative Übungspraxis eingeführt und zieht sich zweimal am Tag zur Meditation zurück. Die Anbindung an ihren Lehrer erfordert außerdem, dass sie zweimal im Jahr zu einer intensiven Meditationswoche fährt.

Noch ganz im Zauber des Frisch-Verliebtseins eingehüllt, steht sie also eines Tages mit gepacktem Koffer da, um zur Meditation zu fahren. Beim Abschied schaut ihr Freund sie staunend und mit großem Schmerz an: „Wozu musst du da jetzt noch hingehen, wozu brauchst du das noch, jetzt, wo du doch mich hast?"

Zwei Pole sind hier ganz konkret zum Ausdruck gebracht: zum einen der Wunsch und das Verlangen, das Wichtigste füreinander zu sein, die Sehnsucht, Einheit mit einem Menschen zu erfahren, ganz im Miteinander aufzugehen; zum andern der innere „Ruf", wie Graf Dürckheim es nennt, die Suchrichtung auf eine die Ichgrenzen überschreitende Dimension hin, das Suchen nach Einssein mit dem eigenen Wesensgrund: „Ist dies eins? Sind dies zwei?"

Spiritualität

Diesem inneren Ruf zu folgen bedeutet immer, sich auf eine Reise nach innen zu begeben. Das bleibt kein geistiger Prozess, es ist die Sehnsucht nach der ganzheitlichen Erfahrbarkeit des Göttlichen. Innerhalb jeder Religion gibt es die Ausformung eines Erfahrungsweges. Er erfasst immer den ganzen Menschen mit Leib und Seele. Zentraler Weiser auf dem Weg nach innen ist der Atem. Die Rituale und Übungswege, die sich daraus gestalten, sind immer vom jeweiligen kulturellen Hintergrund geprägt.

Die Entscheidung, sich auf die Suche nach dem eigenen Ursprung zu machen, ist in ihrem Kern die Suche nach der allumfassenden Liebe. Sie übersteigt die Ichgrenzen und verweist immer in eine Dimension unseres Seins, die mit unserem trainierten Alltagsbewusstsein nicht ergriffen werden kann, auch wenn sie zutiefst erahnt wird, eine Dimension, die ja immer anwesend ist, zu der es gilt zu erwachen. Mich aufzumachen, wie es im Deutschen so schön heißt, bedeutet Öffnung. Damit ahne ich, dass alles Festhalten an Vorstellungen und Konzepten eher hinderlich ist und dass ich mich einlassen muss.

„Ich bin der, den ich liebe und der, den ich liebe, ist ich", sagt der Sufi Al-Halladsch (geb. 857 n. Chr.).

Dieser Spruch, ein Ausdruck von Einheitserfahrung, stammt nicht aus einem romantischen Liebesgedicht, sondern aus einer mystischen Erfahrung, der Vereinigung mit dem, was wir im Christentum das Göttliche nennen.

… in der Paarbeziehung

Die entgrenzende Erfahrung des Verliebtseins in einen anderen Menschen lässt uns etwas von der universellen Kraft erahnen, die uns verbindet, die im Anderen, in mir und durch uns strömt, als wollte sie den Weg dahin öffnen.

Doch stößt sie meist schnell an Grenzen, an unsere Ich-grenzen. Zum einen wollen wir diese Einheitserfahrung halten, greifen, zum andern erwarten wir durch den Anderen meist eine Einheit, die das Andersartige, die Einzigartigkeit des Gegenübers gar nicht im Blick hat, ja meist gar nicht zulassen kann. „Wenn ein Mensch nicht das Ewige, das in der Liebe wohnt, ahnend erfasst, so macht er daraus leicht eine Tragödie …", mahnt C. G. Jung.

Üblicherweise verbinden wir ja mit einer Paarbeziehung und mit der Entscheidung, sich zu binden, die Hoffnung nach Verschmelzung, doch gerade eine Partnerschaft wirft uns auf uns selbst zurück, bringt uns auf einen Reifungsweg, der uns über uns selbst hinausweist, uns unsere Urganzheit erkennen und erfahren lassen kann. Dieser Drang nach Bewusstsein ist ein Weg in die innere Freiheit und Unabhängigkeit und kollidiert mit der Neigung, Bindung mit Abhängigkeit gleichzusetzen.

Begibt sich nur einer der Partner auf einen Übungsweg, ist das immer für beide eine Aufforderung, ihre Verbundenheit neu zu überprüfen. Selbst wenn wir davon ausgehen können, dass in jedem Menschen die Sehnsucht nach einer die Ratio überschreitenden Dimension schlummert, ist doch der Zugang und der Drang, dieser Sehnsucht nachzugeben, verschieden. Damit wird es für beide zu einer Konfrontation mit dem Anderssein.

Da sucht einer der Partner Einssein und Einheit in einer anderen Richtung mit einer unfassbaren „Größe". Die Erfahrungswelten gehen auseinander, schmerzlich für beide.

... und ihre Hindernisse

Spiritualität und religiöse Wegsuche sind von gesellschaftlichen Vorurteilen belastet. Sie betreffen vor allem den Bereich des Umgangs mit Sexualität, Lebensgenuss, Aggression und materiellen Anhaftungen. Zweifellos durch die monastisch geprägte Tradition wird oft die Wahl eines solchen Weges mit der Verneinung von Sexualität bis hin zur Abwertung körperlichen Ausdrucks in Zusammenhang gebracht. Triebverzicht und Lustfeindlichkeit, verbunden mit moralischer Verurteilung, werden ebenso assoziiert wie verschiedene Fehlformen der Triebunterdrückung.

Ein anderer Bereich, der von Projektionen überhäuft ist: der Ausdruck von Gefühlen. Schein-heiligkeit, Abgeklärtheit, Scheinharmonie, Aggressionslosigkeit und Freudlosigkeit werden damit in Verbindung gebracht. Auch geht die allgemeine Vermutung dahin, dass ein spiritueller Weg immer zu Weltabgewandtheit, materieller Enthaltsamkeit und zum Verzicht auf alles führt, was Freude und Genuss bereitet.

Wenn zudem Begriffe aus – vor allem fernöstlichen – spirituellen Wegen auf unser Wertesystem treffen, entstehen Misstrauen und Ablehnung. Zu den großen Missverständnissen gehört zum Beispiel auch das Schlagwort Ich-Tod. In eine andere Kultur eingebettet, wird er oft kritiklos als zu erreichendes Ziel übernommen und schafft einen neuen Druck von Verneinung. Hier bedarf es der Integration und guter Vermittlung, die deutlich machen kann, dass es um De-identifikation geht, um das Überschreiten der Ichstruktur, und nicht um Zerstörung. Die Fehlformen religiöser Traditionen und die Fremdheit fernöstlicher spiritueller Wege fördern zudem die Ängste vor Abhängigkeit und Missbrauch, körperlich wie materiell.

Eigene soziale Prägungen verschiedener christlicher oder antireligiöser Haltungen und Erfahrungen bilden den Hintergrund für die Aufnahmebereitschaft, Annäherung oder Ablehnung spiritueller Wege – ein nicht gerade leichtes Päckchen, mit dem sich beide Partner auseinanderzusetzen haben.

I. Auswirkungen eines spirituellen Weges auf den nicht übenden Partner

Wenn nur ein Partner einen spirituellen Übungsweg geht und sich religiösen Fragen und Übungspraxen zuwendet, dann bedeutet das auf vielen Ebenen eine Herausforderung für den anderen.

Alltagsveränderungen

Die meisten spirituellen Wege sind Übungswege; sie brauchen also Zeiten des Rückzugs, der Nach-innen-Wendung, die im Alltag ihren Platz einfordern. Das stört die Zweisamkeit oft empfindlich. Meist betrifft es Morgen- und Abendrituale, die für ein Paar sehr bedeutsam sind. Wenn dann ein Partner früher aufsteht, um zu meditieren, abends nicht mit dem Partner zur gleichen Zeit ins Bett geht und damit den Tag nicht gemeinsam mit ihm beschließt, führt das unweigerlich zu Konflikten. Die gewohnten Bedürfnisse werden infrage gestellt. Der andere ist ausgeschlossen. Das löst Angst aus, weil nicht nachvollziehbar ist, was da geschieht.

Die meisten Übungswege erfordern eine Form, die nach außen hin exotisch wirkt. Auf dem Boden sitzen, schweigen, Atemübungen, unverständliche Texte und befremdliche Rituale. Die meisten Partner fühlen sich vor den Kopf gestoßen. Da verändert sich etwas Wichtiges, ohne dass der Partner etwas dazu beitragen kann oder gar der Auslöser wäre. Kommen dann noch längere Meditationsseminare hinzu, bedeutet das für viele Partner, dass sie Kinder und Haushalt und sich selbst versorgen und komplexe Organisationssysteme allein bewältigen müssen.

Sozialer Druck

Das soziale Umfeld bringt einen Partner oft genug in Erklärungsnot. Wo ist deine Frau/dein Mann denn? Was macht die/der da eigentlich? Und das machst du mit? Eltern, Freunde Arbeitskollegen, Nachbarn wollen Erklärungen haben und Gründe wissen. Die eigenen Gefühle und Spannungen hier nicht zu agieren ist nicht einfach. Die Reaktionen im sozialen Netz müssen aufgefangen werden. Um diesem Außendruck standzuhalten, braucht der zurückgelassene Partner ein hohes Maß an Solidarität und Loyalität.

Eifersucht und Ohnmacht

Ein spiritueller Weg verlangt Hingabe an etwas, das scheinbar außerhalb der Beziehung steht und nur individuelle Bedeutung hat. Er braucht bedingungslose Hingabe. Das verunsichert nicht nur, es macht misstrauisch und eifersüchtig. Die Gefühle des Alleingelassenen gleichen denen bei einer Dreiecks- oder Außenbeziehung. Das besondere Merkmal, das den Partner absolut ohnmächtig erscheinen lassen kann, ist diese unbekannte Größe des Göttlichen. Eine reale Außenbeziehung ist greifbar und sichtbar. Aber dieses „Gegenüber" ist unsichtbar und zudem unfassbar. Welche Chancen hat er, „dagegen anzugehen"? Darauf hat er keinen Zugriff und meist keine Struktur, es zu orten, eben zu be-greifen. Oft bleibt dann nur die Aggression auf den spirituellen Lehrer, auf die Weggemeinschaft, die Übungsgruppe des Partners (du und dein Guru, ihr mit eurem Getue). Verletzende Abwertungen bleiben in dieser Hilflosigkeit nicht aus.

Einsamkeit

Wenn man auf sich selbst zurückgeworfen ist, wird man auch immer mit seinen Ängsten vor Einsamkeit, Verlassenwerden konfrontiert. Je nach lebensgeschichtlicher Prägung ist das eine schwer auszuhaltende Herausforderung, denn unsere menschliche Urangst führt uns ja auch zu einem Partner hin, genauso wie die damit verbundene Hoffnung und Sehnsucht, nie mehr allein zu sein. Grundvertrauen und Vertrauen in die Beziehung werden auf eine harte Probe gestellt.

Verlustangst

Im besonderen Maße wird die Toleranz eines Partners auf die Probe gestellt, wenn die Erfahrungen auf dem spirituellen Weg vertieft werden, bis sie zu einer Einheitserfahrung führen, meist bezeichnet als Durchbruch. Dies kann mit großen Glücksgefühlen und überwältigender Freude einhergehen, wie sie so überwältigend in den Gedichten und Texten orientalischer Mystiker oder auch bei Teresa von Avila zum Ausdruck kommen:

> *Mein Ort ist da, wo kein Ort ist,*
> *mein Zeichen ist ganz ohne Mal,*
> *nicht Körper bin ich, noch Seele –*
> *ein Glanz nur von seinem Licht.*
> *Die Zweiheit hab ich verworfen, ich sah in zwei Welten nur eins: ich suche und kenne und rufe nur ihn,*
> *bis das Auge mir bricht …*
>
> Rumi

> *In einer dunklen Nacht*
> *Voll Sehnsucht in Liebe entflammt*
> *O wunderbares Glück! …*

O Nacht, du führtest mich!
O Nacht, liebender als das Morgenlicht!
O Nacht, die du den Geliebten und die Geliebte zu-
sammenführst,
Geliebte in den Geliebten verwandelnd! ...

Johannes vom Kreuz

Hier wird ahnbar, welche Innigkeit und wie viel Liebe hier erfahren wird, die den ganzen Menschen erfüllt. Aber eine solche Tiefenerfahrung kann auch mit absoluter Sprachlosigkeit,
schockartiger Ernüchterung einhergehen. Ebenso wie in dem
Glücksgefühl der Einheitserfahrung ver-rückt sich hier die
Weltsicht. Nicht von ungefähr wird es als Erwachen bezeichnet. Einen Ausdruck findet dieses Geschehen auch im Bekeh-
rungserlebnis des Saulus, nachmals Paulus, vor Damaskus, als
er geblendet vom Pferd stürzt.
Wohin geht also mein Partner, meine Partnerin? Unverständnis, fassungsloses Staunen, Irritation und Ängste sind hier
nachvollziehbar. Verliere ich dich? Das ist hier die Frage. Alles
scheint außer Kontrolle zu geraten, und die Angst vor Verlust
wird zur Bedrohung.

Haltungen des nicht übenden Partners, die die Beziehung
blockieren

Die Konfrontation mit der Erfahrung, dass der Partner einen
spirituellen Weg eingeschlagen hat, führt über Unverständnis
und Irritation oft in die – aus der Not geborene – überzogene
Abgrenzung und Aggression. Körperliche Ablehnung, finan-
zieller Druck, Verweigerung von Unterstützung werden gewählt, um die eigene Betroffenheit zum Ausdruck zu bringen,
außerdem zur Schau gestellte Distanz wie Kommunikations-
verweigerung und Autonomie als Schutz vor der Verunsiche-

rung. Abwertungen und Kontrollrituale sind oft Versuche, der Dynamik dieses Prozesses Ausdruck zu verleihen.

Eine Frau berichtet ihr Leid: „Mein Mann verwendet ‚spirituelle Schlagworte‘ gegen mich. Er tyrannisiert mich regelrecht. Wenn sein Frühstücksei zu hart ist, heißt es gleich: ‚Wo bleibt deine Achtsamkeit? Ich denk, du übst das doch!‘ Wenn ich beim Einkauf etwas vergesse, heißt es: ‚Wozu nützt denn deine ganze Meditiererei?‘ Und wenn ich mich darüber aufrege, heißt es: ‚Wo bleibt denn deine Ruhe?‘“

Eine andere Möglichkeit für den Alleingelassenen findet sich in der Flucht nach vorn: in übertriebenen Außenaktivitäten, in beruflichem Engagement, im eigenen Freundeskreis; sportliche Betätigungen werden gesucht. Als Gegenreaktion auf die Spiritualität und religiöse Suche wählt der Verlassene oft eine Konsumanhäufung und stellt den Genuss provokativ in den Vordergrund. Aber all das führt meist in eine innere Sackgasse.

Haltungen des nicht übenden Partners, die für die Beziehung förderlich sind

Der konstruktivere Weg besteht darin, das Ereignis als Aufforderung zu begreifen, sich selbst zu entwickeln. Sich in Frage stellen zu lassen bedeutet: Wie steht es mit meinem Bewusstsein für mich und die Welt? Was ist mir wichtig im Leben? Welche Werte tragen mich durchs Leben, und will ich in dieser Beziehung leben?

Wenn dieser konstruktive Rückgriff auf sich selbst gelingt und der Partner diesen Ball aufgreift, dann wird er damit seinerseits zur Herausforderung für den anderen, aber dadurch entsteht ein neuer Entwicklungsspielraum.

Wenn man im Beziehungsvertrag – ausgesprochen oder unausgesprochen – die Änderungen von Gewohnheiten und Zielen nicht akzeptiert, verhärten sich die Gegensätze leicht.

Es erfordert Offenheit, Selbstsicherheit und auch Neugier, den Anderen seinen Weg gehen zu lassen. Da kommt man auch oft nicht darum herum, über die eigenen Projektionen in Bezug auf Spiritualität und religiöse Suche nachzudenken und sich seiner eigenen Ortung und Sehnsucht zu stellen. Der Partner muss den Willen zur eigenen Bewusstwerdung aufbringen.

Ein Mann berichtet: „Ich war vollkommen verunsichert durch diesen neuen Weg, den meine Frau geht. Aber plötzlich fiel mir ein, wie wohl ich mich immer in der Kirche gefühlt habe als Kind, und seitdem führt mich mein Spaziergang oft in die Kirche, und ich sitze da ein paar Minuten. Das tut gut."

Eine Frau erzählt: „Ich war so irritiert, dass ich angefangen habe zu überlegen: Wer ist eigentlich mein Mann? Was hat uns wirklich zusammengeführt? Was ist das, Liebe und Verbundenheit? Er ist wie ein neues Geheimnis für mich, und unsere Beziehung auch. Das ist aufregend."

Ein anderer berichtet, dass seine Frau ganz verunsichert war, weil er plötzlich viel Freude an bunter Kleidung hatte und spielerisch mit seinem Aussehen umging: „Seit er meditiert, ist das Leben mit ihm so viel leichter geworden, wie wenn sein Vertrauen in das Leben wächst."

Ein hilfreicher Faktor ist das Wissen. Der Partner kann sich alles, was „gewusst" werden kann über den spirituellen Weg, durch Informationen und Gespräche erarbeiten. Das setzt Interesse und Engagement voraus. Aber Wissen über Hintergründe und Prozesse stellen eine Verbindung her, und damit wird auch Zuwendung zum Ausdruck gebracht.

II Ein spiritueller Weg und seine Auswirkungen auf den übenden Partner

Die Suche nach einem Weg, das Leben mit einem anderen Bewusstsein, als wir es von unserem Alltagsbewusstsein her kennen, zu begreifen, erfordert Mut, und das in vielerlei Hinsicht. Sich auf diese bedingungslose Hingabe einzulassen ist das eine, das andere sind die immer wieder auftretenden Fragen und Zweifel. Was wird mir begegnen, wenn ich mich auf den Weg der inneren Einkehr einlasse? Es ist eine Abenteuerreise in ein unbekanntes Land. Das bedeutet auch Risiko, das Risiko des Loslassens von Gewohntem, von Sicherheiten und das Risiko der Veränderung.

Und es braucht Mut, sich damit dem Partner zuzumuten. Ich muss den Anderen damit konfrontieren, dass ich einer Sehnsucht nachgehe, die ich kaum in Worte fassen kann. Hält er es aus? Darf ich sprachlos bleiben? Darf ich es mir herausnehmen, mich aus der Zweisamkeit herauszunehmen? Kann ich mich damit je mitteilen, und was kann ich von den Erfahrungen mit meinem Partner teilen?

Einen spirituellen Weg gehen bedeutet zunächst einmal die Begegnung mit mir selbst in allen Facetten. Dann muss ich vielleicht erkennen, wie schwer es ist, mich damit zu zeigen, und wie schwer es ist, die Einsamkeit, die damit einhergeht, zu erleiden.

Haltungen des Übenden, die die Beziehung eher blockieren

Der Rückzug

Viele Übende kapseln sich aus Sorge und Verunsicherung zusätzlich ab, ziehen sich wie in eine geheime Kammer zurück und bauen einen regelrechten Schutzwall auf. Doch das, was als Schutz gedacht war, entwickelt sich leicht zu einem Bollwerk für den Anderen. Und manchmal wird es auch zu einer Fluchtburg vor der Auseinandersetzung und vor allem vor dem Leid des Partners. Hier muss man wachsam nachfragen, ob das alles notwendig ist.

Das Missionieren

Es ist ein Versuch, den Anderen nicht zu verlieren, geboren aus dem inneren Leid, sich dem anderen mitzuteilen, ein Versuch, ihn zu überzeugen von der Sinnhaftigkeit des eigenen Tuns, meist mit dem Ziel: Probiere du es auch, geh mit mir den gleichen Weg. Wenn mir dieser Weg guttut, muss er doch auch für dich gut sein!

„Es nützt alles nichts", meinte eine Frau verzweifelt, „ich habe ihm Bücher von meinem Lehrer auf den Nachttisch gelegt, ihm einen Gutschein für ein Seminar geschenkt, aber er lehnt alles nur ab!"

Überlegenheit demonstrieren

Auch diese Strategie wird gewählt, um Konfrontation zu vermeiden. Sich als moralisch reiferen, besseren Partner zu fühlen schafft nicht nur Distanz, sondern der Andere gerät dadurch in eine Position des Minderwertigen. Er wird „von oben herab" betrachtet. Der spirituelle Weg erhält wieder einen „Heiligenschein", erfährt eine Erhöhung, die be- und entfremdet. Manchmal drückt sich diese Haltung verdeckt auch in einem Bemitleiden des Anderen aus, weil er es einfach „noch nicht versteht".

Sehnsucht nach einem idealen Partner

Und schließlich nährt das Erleiden der Einsamkeit in der Partnerbeziehung die Sehnsucht nach dem idealen Partner, der ebenfalls meditiert, sich auch mit diesem Bewusstseinsweg beschäftigt. Ein solcher Partner könnte wieder für Gemeinsamkeit sorgen. Darin wird die Projektion aufrechterhalten, Einssein sei nur im gemeinsamen Tun zu erfahren, mit gleichen Wertvorstellungen zu erreichen. Und der Wunsch, die Verschiedenheit, die Andersartigkeit könnten in einer solchen absoluten Einheit aufgehoben werden, führt oft genug in Trennungsphantasien.

Eine Frau kommt verstört ins Gespräch nach einem Meditationstraining: „Neben mir saß ein Mann, der zog mich so stark an", berichtet sie, „es war wie eine Einheit zwischen uns, obwohl ich gar nicht weiß, wer er ist. Was mach ich denn jetzt? Vielleicht ist das ja der Mann, mit dem ich weitergehen soll?"

Haltungen des übenden Partners, die für die Beziehung förderlich sind

> *Wenn der Mensch in der Übung der inneren Einkehr steht,*
> *hat das menschliche Ich für sich selbst nichts.*
> *Das Ich hätte gern etwas*
> *und es wüsste gern etwas*
> *und es wollte gern etwas.*
> *Bis dieses dreifache „Etwas" in ihm stirbt,*
> *kommt es den Menschen gar sauer an.*
> *Das geht nicht an einem Tag*
> *und auch nicht in kurzer Zeit.*
> *Man muss dabei aushalten,*
> *dann wird es zuletzt leicht und lustvoll.*

Johannes Tauler

Dieser Vers beschreibt das, was einem auf dem spirituellen Weg begegnet. Es ist ein Prozess mit Höhen und Tiefen, ein Durchhalten. Wenn man sich dies immer wieder bewusstmacht, wird es möglich, dem Druck, den die zusätzliche Paarkonfrontation mit sich bringt, mit Geduld zu begegnen.

Nachsicht

Mein spiritueller Weg führt dazu, dass ich meiner eigenen Wirklichkeit nicht mehr ausweichen kann. Mit klarem Blick sehe ich meine Ungereimtheiten, meine Fehler und lerne nicht nur, mich auszuhalten, sondern erfahre immer wieder die Kraft der Akzeptanz aus einer inneren Quelle. Schließlich kann ich auch mit Nachsicht und Güte meine und vor allem auch die Ecken und Kanten des Partners besser annehmen. Meine Bewertungen und Urteile werden mir deutlicher; Konzepte, die ich dem anderen überstülpe, werden sichtbar. Scham- und Schuldgefühle können sich in den Vordergrund drängen und bedürfen einer Klärung, die den Partner sehr entlasten kann.

Freigeben und Verbinden

Wenn ich mich von der Erwartung löse, der Andere könnte mich ganz erfassen, mich „erlösen", kann es mir leichter fallen, den Anderen freizugeben, frei für seine eigene Entwicklung. Ich kann das Risiko eingehen und den Schmerz aushalten, dass ich ihn seinem eigenen Prozess überlassen muss. Nur so kann ich mich immer wieder neu zuwenden und neu suchen und finden! Der Entwicklungsraum wird weiter.
Die Wirkung einer Übung des Loslassens macht innerlich immer besser erfahrbar, dass wir zutiefst verbunden sind, dass Es in allem ist. Auch wenn dies rational kaum greifbar ist, wirkt es immer mehr in den Alltag hinein. Damit geht auch die Erfahrung einher, dass Getrenntsein und Verbundensein nicht

Gegensätze sind. Das bekannte Bild von der Welle und dem Meer kann dazu dienen, Vertrauen in diese Allverbundenheit im Miteinander zu gewinnen. Die Welle ist hier das Bild für die Ausformung, die Gestalt, in der sich das Meer zeigt. Alle Wellen bestehen aus dem gleichen Wasser.

Bereitschaft zum Gespräch

Dazu gehört auch die Versicherung, dass der eigene Raum – real und zeitlich – nicht gegen den Partner gerichtet ist, sondern für mich benötigt wird. Dazu gehört auch die Mitteilung, dass ich um die Zumutung und um das Leid des Partners weiß. Dazu gehören die Suche nach Ausdruck in Bildern, Geschichten, Vorträgen, gehört das Ringen um eine Sprache. Dazu gehört Aufrichtigkeit und Mut. Dazu gehört aber auch, dass Unaussprechliches so stehen bleiben kann, nicht um es als Geheimnis zu verklären, sondern weil es Erfahrungen sind, die nicht in Worte gefasst werden können.

Aktives Zugehen auf den anderen

Es ist unumgänglich immer wieder auf den andern aktiv zuzugehen. Achtung für den Partner zum Ausdruck bringen, ihn durch liebevolle Gesten würdigen schafft eine öffnende Atmosphäre. Wenn Wohlwollen und Dankbarkeit, dass es den Anderen gibt, das Kräftemessen von Macht und Selbstbehauptung ablösen, kann ich frei auf den Andern zugehen. In manchen Situationen kann es auch gelingen, neue Kontakte, die „auf dem Weg" gewonnen wurden, in die Beziehung einzubringen, um Misstrauen und Sorge abzubauen und Übergänge zu erleichtern.

Diese anrührende Szene hat eine Frau berichtet: Sie hat sich immer mehr zurückgezogen, ist aus dem Schlafzimmer ausgezogen, um morgens ungestört aufstehen zu können, und hat andere Interessen in der Freizeit entwickelt. Eines Abends sitzt der Mann ratlos auf dem Sofa und weiß nicht mehr weiter. „Wir haben nichts mehr gemeinsam", meint er, „es kommt mir so vor, als wäre unsere Beziehung wie ein ausgelesenes Buch, wie wenn wir nur noch den Deckel zuklappen könnten."

Die Frau hält das aus, bleibt still neben ihm sitzen, trauert mit ihm, und zugleich fühlt sie eine große Liebe in sich aufsteigen. Am nächsten Tag legt sie ihm ein neues Buch mit leeren Blättern auf den Tisch und meint: „Wie wäre es mit einem zweiten Band?"

Um der Gefahr der „spirituellen Überheblichkeit" zu begegnen, gibt es (neben der Übung) viele Geschichten, die helfen, wieder auf den Boden zu kommen. Eine davon handelt von dem Mann, der sich nicht als Übender an ein Kloster gebunden hat und in Anwesenheit von Buddhas Lieblingsschüler Ananda Buddha nach dem wahren Wesen fragt. Buddha bleibt in tiefer Versenkung einfach sitzen. Darauf verbeugt sich der Fremde, lobt und dankt Buddha über alle Maßen, und Buddha verabschiedet ihn mit voller Würde. Das erstaunt die – lang übenden – Mönche sehr und Ananda fragt: „Was hat dieser Fremde erfahren, dass er Euch so lobt?" Und Buddha meint: „Er gleicht einem feinfühligen Pferd, das schon beim Gewahrwerden des Schattens der Peitsche losläuft."

Immer wieder muss man sich vergegenwärtigen, dass es „nichts zu erreichen gibt" und dass der spirituelle Weg dem Erwachen zu dieser Erkenntnis dient. Das kann den Weg öffnen, auch im Partner den Ausdruck dieser wahren Wesensnatur zu erkennen.

Die „schleichende" Verwandlung durch die Übung der Selbstwahrnehmung und die Erfahrung des Loslassenkönnens zeigt ihre Wirkung, sie setzt sich im Alltag mit dem Partner um. Akzeptanz, Wohlwollen und Liebe kommen immer mehr ins Fließen. Wenn der Augenblick mehr gelebt werden kann und die Gegenwart das Wichtigste wird, lösen sich Verstrickungen leichter, verfangen wir uns seltener und weniger tief in Verwicklungen, sind wir weniger nach-tragend und vor-fürchtend.

Wenn ich selbst immer mehr lerne, der Erfahrung der Einzigartigkeit, des Vollständigseins zu vertrauen, kann ich den Anderen ebenso als einzigartig in seiner ganzen Würde mit seinen Freuden und Nöten erkennen. Die eigene Paargeschichte zu „schauen" und achtsam zu suchen, welche Ausdrucksform wir miteinander finden können, wie wir unseren eigenen „Paarmythos" erleben können, das bleibt ein Abenteuer, das wir mit immer mehr Gelassenheit angehen können.

III Wohin führt dieser Prozess? Oder: Die Beziehung kann gewinnen!

Ein spiritueller Weg führt immer in den Alltag. Sobald wir uns dessen bewusst werden, kann Partnerschaft die Augen öffnen und uns den Weg weisen! Nicht in eine jenseitige Welt, sondern in eine diesseitige Welt führt ein spiritueller Weg, oder wie Willigis Jäger es ausdrückt: „ganz Mensch" zu werden ist das Ziel, vollende deine Geburt! Die Bezogenheit, die partnerschaftliche Beziehung ist das Feld, in dem sich mein Menschsein vollzieht. Beide müssen die Vorstellung aufgeben, dass ein spiritueller Weg zum Rückzug aus dem alltäglichen Leben führen muss. Im Gegenteil: Er führt in die Fülle des Lebens. Durch einen spirituellen Prozess verändern sich die Lebensbedürfnisse. Doch da gibt es keine Generalisierungen: Menschen, die bis dahin schüchtern waren, können vielleicht durch mehr Selbstvertrauen fordender auftreten. Andere, die sich selbst begrenzt

haben, können auch ihre Sinnesfreude mehr fühlen und füllen. Menschen, die vorher aktiv oder außenorientiert waren,
finden vielleicht mehr Ruhe und Freude am Häuslichen, und
viele andere Varianten sind denkbar.

Eine Frau betonte: „Für mich bedeutet das Meditieren immer
wieder, ganz loslassen zu können in all meinen Blockierungen und Abwertungen von mir selbst. Dann spüre ich mich so
ganzheitlich und vital, dass ich meinen Mann mehr begehre
als früher."

Je kontinuierlicher die Erfahrung des Loslassens wird, desto
tiefer wird auch die reale und sinnenhafte Welt erlebt: Weinen,
Lachen, Leiden, Langeweile, das menschliche Leben in all seinen Facetten. Der Atem, der mich dahin führen kann, lehrt
immer wieder, dass ich verbunden bin, angeschlossen an eine
andere Dimension. Damit wächst Vertrauen, zunächst in mich
selbst, dann in den Anderen, in den gemeinsamen Prozess, wo
immer er auch hinführen mag.

Die gemeinsame Herausforderung anzunehmen geht nicht
ohne Abschied, vor allem auch von der Erwartung, der Andere
könnte mich vollständig machen, mich erlösen. Dies gehört
ja meist zur Liebesfaszination und stellt einen unbewussten
Bindungsfaktor dar. Aber es geht nicht nur etwas verloren. Die
frei gewordene Kraft fließt in einen größeren Beziehungsraum,
der für Wachstum und Reifung genutzt werden kann.

Und doch ist das Bedürfnis nach Gemeinsamkeit sinnstiftend
und für eine Beziehung ein Stabilitätsfaktor. Dem sollte man
Rechnung tragen, und das bedeutet verhandeln, was dir und
was mir wichtig ist. Die Wertschätzung, was als Gemeinsames
gefunden werden kann, gewinnt größere Bedeutung. Damit
bringen wir unsere gegenseitige Verbundenheit zum Ausdruck.

Gemeinsame Rituale sind von unschätzbarem Wert, etwa das
tägliche gemeinsame Frühstück oder der Besuch eines be-

stimmten Cafés jeden Samstag, ein Spaziergang einmal in der Woche immer um die gleiche Zeit. Dazu gehört auch das Erleben von Sexualität und körperlicher Nähe …

Tragfähige, von beiden wertgeschätzte verbindende Faktoren als Ausgleich sind entscheidend. Wenn beide zudem lernen, den Blick auf die Ereignisse und Erfahrungen zu richten, an die beide gern zurückdenken, auf die gemeinsame Geschichte, kann ein Gefühl der Dankbarkeit für die Begleitung des Anderen, für das Wissen um den Anderen, für die geteilten Lebensräume aufkommen.

Im Gegenüber kann ich auch den Anderen auf seinem jeweiligen Entwicklungsweg unterstützen und ich kann um Unterstützung bitten, sie sogar anfordern. Damit entsteht gegenseitige Wertschätzung. Die Herausforderung dieser Situation besteht ja auch darin, unsere Grundwerte, unsere innere Ausrichtung ins Bewusstsein zu heben. Wenn wir uns gemeinsam um uns und unseren Wert bemühen, wird Beziehung wertvoll.

Eine wichtige Rolle spielt die Begleitung des jeweiligen spirituellen Weges durch einen Lehrer. Er hat die Aufgabe, den sozialen Hintergrund seines Schülers im Auge zu behalten, sei es durch eine wohlwollende interessierte Haltung oder gar durch Angebote von Kennenlernen.

Wenn sich ein Paar bewusst wird, dass dieses Nicht-teilen-Können nicht unbedingt drohende Trennung bedeuten muss, kann neue neugierige Spannung im Blick auf den Anderen entstehen. Durchhalten und Aushalten sind Fähigkeiten ohne die kein spiritueller Weg und auch keine Beziehung auskommt.

Und doch kann das Ringen mit und um den Partner manchmal in Sackgassen zum Stehen kommen. Wenn Verschiedenheiten nicht mehr integrierbar erscheinen ist es sinnvoll hilfreiche Begleitung zur Klärung anzufordern.

Klärung kann auch heißen, die Entwicklung geht in verschiedene Richtungen. Dies anzunehmen und zu durchleiden erfordert Vertrauen und Loslassen. Vertrauen in den jeweiligen Weg, den eigenen und den anderen. Sich und den anderen freigeben und vertrauensvoll dem Leben überlassen ist sicherlich die größte Herausforderung in einer Beziehung.

Wenn wir uns häufiger bewusstmachen, dass spirituelles Erfahren nichts Außergewöhnliches ist, sondern immer da geschieht, wo wir gerade sind, gerade in diesem Augenblick, befähigt uns das dazu, die gegenwärtige Realität anzunehmen.

Wenn ich erfahre, dass Mond und Wolken gleich sind, dass sie zwar als getrennt erscheinen, aber letztlich beide Ausdruck der ursprünglichen Lebenskraft, des göttlichen Wirkens – oder wie immer wir es nennen wollen – sind, dann werde ich auch realisieren, dass Berge und Täler verschieden sind. Obwohl sie nur unterschiedliche Erscheinungsformen der Wirklichkeit sind, sind Berge nicht Täler und Täler nicht Berge, sie sind vollständig verschieden.

Wir sind verschieden und damit getrennt, und wir sind verbunden. Das braucht seinen Ausdruck im alltäglichen Miteinander als Paar. Wenn es gelingt, unsere Vorstellungen über den anderen, über uns und über die Beziehung loszulassen, dann wird das Leben täglich und immer wieder voller Überraschungen sein.

Alles ist gesegnet, zehntausendfach gesegnet!

Trennung als spirituelle Erfahrung

Hans Jellouschek

Wenn von Paarbeziehung die Rede ist, muss in der heutigen Zeit auch von Trennung die Rede sein. Die Scheidungszahlen sind zwar seit einigen Jahren stabil, aber nach wie vor hoch: im städtischen Milieu etwa 30 Prozent, das heißt, dass etwa jede dritte Ehe davon betroffen ist und unverheiratet zusammenlebende Paare statistisch gar nicht erfasst sind. Eine Trennung taucht also heute fast für jede Ehe, jedes Paar bei Konflikten, die schwer lösbar erscheinen, sehr bald als konkrete Möglichkeit auf. Deshalb ist es sinnvoll, auch im Zusammenhang dieses Bandes davon zu sprechen.

Weitung des Horizonts

Aber inwiefern kann Trennung auch mit Spiritualität und spiritueller Erfahrung in Verbindung gebracht werden? Freilich kann eine Trennung auch durch den Tod eines Partners erzwungen werden. Aber in den viel häufigeren Fällen wird sie heute durch freie Entscheidung herbeigeführt. Jedenfalls gilt das für die Trennungswilligen. Aus diesem Grund liegt es auch in unserer „aufgeklärten" Zeit sehr nahe, die Trennung durch eine Entscheidung moralisch zu betrachten, ja in irgendeiner Form mit „Schuld", die ein schlechtes Gewissen macht, in Verbindung zu bringen – dafür sorgt schon unsere christliche

Tradition, die auch den „Aufgeklärten" und von der Kirche Distanzierten noch tief in den Knochen sitzt. Deshalb finden wir nur schwer einen Zusammenhang zwischen Trennung und Spiritualität. Ich behaupte aber auch hier: Eine Trennung, auch durch freie Entscheidung, kann eine tiefe spirituelle Erfahrung sein, sowohl für den, der sie vollzieht, als auch für den, dem sie aufgezwungen wird.

Ich habe beide Erfahrungen, Trennung durch Entscheidung und Trennung durch Tod, selbst in meinem Leben gemacht. Darum werden die folgenden Zeilen sehr persönlich geraten, und ich wage es, weil eigenes Erleben für andere Menschen mit ähnlichen Erfahrungen in der Regel besonders hilfreich ist. Vor 35 Jahren haben meine erste Frau und ich uns getrennt und kurze Zeit darauf auch scheiden lassen. 25 Jahre später wurde die Trennung von meiner zweiten Frau durch Tod erzwungen. Sie starb an Krebs, mit dem wir uns zuvor 16 Jahre lang auseinanderzusetzen hatten.

Vorweg möchte ich dazu sagen: Eine für mich und mein Leben grundlegende, vielleicht *die* grundlegende spirituelle Erfahrung hat wenig mit traditionellen religiösen Begriffen zu tun, wie „Fügung Gottes" oder „Prüfung, die Gott schickt" oder „Gottes Wille". Für mich kann ich sie in die Worte fassen: „Es geht weiter!" In der Spiritualität geht es ja um Transzendenz-Erfahrung. „Transcendere" (lat.) heißt „übersteigen", jeweils über vorgegebene Grenzen und Begrenzungen hinaus. Im Auf und Ab des Lebens, auch wenn es rasant „bergab" ging, auch wenn absolute Tiefpunkte erreicht schienen, wenn ich vor einer Wand stand, wenn es nicht mehr weiterzugehen schien – es *ging* wieder weiter! Auf jeden Abbruch war mir ein neuer Aufbruch, war „Tran-szendenz" möglich, und ich habe dies nicht als eigene Leistung erfahren, sondern vor allem als Geschenk, was mich in der Rückschau auf mein Leben zutiefst dankbar macht. Dies gilt nicht nur für die beiden besonders schmerzhaften Trennungen, von denen ich gesprochen habe, sondern auch für mehrere andere, sehr existenzielle Ab-brüche in meinem Leben. Aber die beiden Trennungserfahrungen waren *besonders* schmerzhaft wie auch besonders eindringlich, auch als „spirituelle Erfahrung". Was das konkret heißt, möchte ich im Folgenden darlegen.

Trennung durch Scheidung[1]

Die Zeit unmittelbar nach der Trennung von meiner ersten Frau gehörte zum Schlimmsten, was ich in meinem Leben bisher durchgemacht hatte. Alles, was mir bis dahin Sicherheit und Halt gegeben hatte, war zusammengebrochen: Die Hoffnung, dass aus dieser Beziehung doch noch etwas wird, musste begraben werden. Ich musste mir eingestehen, dass alles Bemühen darum vergeblich war. Ich musste die Illusion und den innigen Wunsch aufgeben, eine „intakte" Familie zu haben und einer zu sein, der es mit Frau und Kindern „schafft". Vor allem gegenüber den Kindern hatte ich schreckliche Schuldgefühle, die mich Tag und Nacht quälten. Zudem wusste ich mich aus meiner gesamten Familientradition herausgefallen und von ihr verurteilt, denn für meine Eltern wäre eine Trennung noch völlig undenkbar gewesen. Dazu kam auch Existenzangst. Als Laientheologe in der katholischen Erwachsenenbildung wusste ich sehr gut, dass es in der Kirche keine berufliche Zukunft mehr für mich geben konnte, außer ich wollte in Zukunft abstinent und als Single leben wie als Jesuit, der ich in früheren Jahren gewesen war.

Ich stand also vor einem Trümmerhaufen. Es war tatsächlich eine Art Tod, den ich zu sterben hatte. Und dennoch: Schon mitten in diesem Schlamassel damals hatte ich in manchen

Momenten auch ein ganz anderes Gefühl, ein Gefühl von Freiheit, von Befreiung. Was ich in meinem Theologiestudium theoretisch begriffen, aber existenziell noch nicht erfasst hatte, wurde für mich erfahrbare Wirklichkeit. Aus dem Alten Testament kam mir das Bild: Ein weites Land öffnet sich vor mir wie für Israel nach der „ägyptischen Gefangenschaft" das „Land der Verheißung". Ich spürte schon bald am Anfang auch Hoffnung – trotz des Marsches durch die Wüste, der noch nötig war –, mit allen Strapazen und Gefährdungen, die auch noch da waren und phasenweise die Hoffnung zu überdecken drohten. Ich hatte aber immer wieder das Gefühl, aus einer Sackgasse herausgekommen zu sein. Da hatte es so vieles gegeben, was „sein musste", was nicht sein durfte, was sich eben gehörte, was man nicht anders machen konnte und durfte. Wie eine „Befreiung vom Gesetz" war das für mich, wie sie der Apostel Paulus seinen Gemeinden unaufhörlich predigte. Auch ein anderes Wort des Apostels kam mir damals in den Sinn: „Was kann uns scheiden von der Liebe Christi? Bedrängnis oder Not oder Verfolgung, Hunger oder Kälte, Gefahr oder Schwert? Ich bin gewiss: Weder Tod noch Leben, weder Engel noch Mächte, weder Gegenwärtiges noch Zukünftiges, weder Gewalten der Höhe oder Tiefe noch irgendeine andere Kreatur können uns scheiden von der Liebe Gottes." (Römer 8,35.38) Das haben die Jünger Jesu in dessen mutigem und freizügigem Umgang mit den an Moral und Gesetz orientierten Autoritäten der damaligen Religion erfahren, und Paulus in seinem mystischen Erlebnis einige Jahre danach. Für mich wurden solche Sätze der Bibel tröstlich lebendig, lebendiger als je zuvor in meinem „kirchentreuen" Dasein.

Noch eine weitere Erfahrung rechne ich heute zu meinen spirituellen Erfahrungen der damaligen Zeit. Für mich war die Zeit in und nach der Trennung natürlich auch eine Zeit der Desorientierung. Wie stand ich da mit meinen Fachkenntnis-

sen! Ich war als Erwachsenenbildner ja auch ein Psychologie
-Anwender. So war ich genau dort gescheitert, wo ich als
Leiter von Ehe-Vorbereitungskursen kluge Sprüche zu machen
pflegte. Zum Glück gestand ich mir ein, dass ich jetzt selbst
psychologische Hilfe brauchte. Ich ging deshalb zu einem
Therapeuten, um Stunden zu nehmen. Es ging hier natürlich
auch darum, was *mein* Anteil an der Beziehungsmisere gewesen war. Aber das war nicht das eigentlich Wichtige für
mich. Diesbezüglich hatte ich mich schon selbst mehr, als es
gut war, durchanalysiert. Nein, das Wichtige an dieser Therapie
war, dass der Therapeut mich einfach ganz ernst nahm, dass er
mir das Gefühl vermittelte: „Du bist, so wie du bist, in Ordnung!" Das war etwas, das ich damals dringender brauchte als
alles andere, um auf die Seite des „neuen Lebens" zu kommen.
Obwohl mein Therapeut, soweit ich weiß, keinerlei religiösen
Bezug hatte, erfuhr ich in dieser bedingungslosen und für die
Zukunft ermutigenden Akzeptanz ganz existenziell, was die
christliche Grundbotschaft „Du bist bedingungslos bejaht!"
konkret bedeutet. Sie hängt an keinem „Gesetz", an keiner
Moral, sie ist immer wieder einfach „da".
Durch solche Erfahrungen wurde ich immer bereiter, mich
auf das „neue Leben" auch wirklich einzulassen: Die Schei-
dung verlief friedlich (auch natürlich durch die Haltung meiner Frau). Das schlechte Gewissen gegenüber meinen Kindern
konnte ich weitgehend überwinden und der neuen Situation
sogar positive Aspekte abgewinnen: Als „getrennt lebender
Vater" erkannte ich zum Beispiel auch die Vorteile der für die
Kinder reservierten Zeiten, vor allem an regelmäßig verein-
barten gemeinsamen Wochenenden: Ich konnte da wirklich
für sie präsent sein, ganz anders als früher, in den Zeiten des
familiären Alltags. Auch wurde mir die klarere Unterscheidung von Paar-Ebene und Eltern-Ebene bewusst: Auch wenn
ein Paar sich getrennt hat, ist es möglich, dass beide Teile gute

Eltern bleiben und die Kinder keinen bleibenden Schaden aus einer Trennung davontragen. Beides war u. a. etwas zentral Wichtiges auch für meine spätere Arbeit mit Trennungs- und Patchwork-Paaren. Außerdem: Ich konnte allmählich auch beruflich wieder Fuß fassen, wozu allerdings auch noch mehrere andere wohlwollende und unterstützende Menschen beitrugen. Und ich fasste wieder Mut, mich auf neue Beziehungen einzulassen. Dadurch wurde die Beziehung zu meiner zweiten Frau möglich, mit der ich dann mehr als 20 Jahre zusammen, 16 davon verheiratet war. Schließlich führte diese „Öffnung" nach dem zunächst fast total erlebten krisenhaften „Engpass" dazu, dass auch von meiner Seite mit meiner ersten Frau eine uns beide sehr berührende Aussöhnung mit den Jahren unseres gemeinsamen Lebens möglich wurde. Wir können heute beide wohlwollend auf diese Jahre zurückblicken, so schwer wir es phasenweise damals oft auch miteinander hatten.

Spirituell nenne ich diese Erfahrungen, dass „es immer wieder weitergeht", vor allem deshalb, weil ich mich, oft auch in den schlimmsten Zeiten der Selbstvorwürfe, der Wut und der Einsamkeit, schließlich doch immer wieder „aufgehoben" fühlte in einem größeren Ganzen, in einem „Ja" zu mir, das ich darin immer wieder erlebte.

Trennung durch Tod als spirituelle Erfahrung[2]

Die Zeit der Erkrankung

Die Diagnose „Krebs" war für uns beide, für meine zweite Frau Margarete und mich, ein Schock. Sie war eine vitale, lebenslustige Frau; kein Mensch, weder ich noch sie selbst, hätte damit im entferntesten gerechnet. Jahre stressiger Behandlungen mit Chemotherapie und alternativen Methoden folgten, immer auch bedroht von Rückfall, neuen strapaziösen Therapien und auch durch den Tod, denn diese Assoziation hat man ja heute immer noch bei Krebs, auch wenn sich die Behandlungsmöglichkeiten damals schon im Vergleich zu früheren Jahren sehr verbessert hatten. Auch hier waren für mich, waren für uns ermutigende, begleitende Menschen sehr wichtig: Verwandte, Freunde, gerade in dieser Zeit sogar neu gewonnene, die sich kümmerten und uns dadurch entlasteten.

Die Zeit der Krankheit, vor allem die ersten Rückfälle nach Phasen der Hoffnung, dass sie überwunden sei, waren für uns auch als Paar heftige Krisenzeiten. Ich hatte Probleme, mich darauf wirklich einzustellen, was bei Margarete als wenig Einfühlung in ihre Lage ankam. Wir zogen daraus aber einen guten Schluss: Wir brauchen selbst eine Paartherapie. Dazu fuhren wir ein Mal im Monat in die Schweiz zu einer Kollegin, und schon dieser Tag miteinander, den wir uns dafür freigenommen hatten, war ein Segen für unsere Beziehung. Aber ein Segen war vor allem unsere Therapeutin.

Wir hatten uns immer wieder gequält mit Gedanken wie: „Vielleicht habe ich, Margarete, doch vieles in meinen Eigentherapien übersehen, was ich hätte bearbeiten sollen, sonst könnte ich doch nicht diese Krankheit bekommen haben!" Oder: „Vielleicht haben wir beide als Paar doch eine ganz destruktive Beziehung miteinander geführt, sonst hätte der eine von uns beiden doch nicht diesen Krebs gekriegt!" Das heißt: Wir waren gefangen in fatalen psychosomatischen Interpretationen der Erkrankung, wie sie auch heute leider immer noch gang und gäbe sind. Wozu das aber führt, haben wir am eigenen Leib erfahren: Es ist Selbstquälerei, und für die Erkrankung bringt es schlicht überhaupt nichts!

Das erste Anliegen unserer Therapeutin war, uns so destruktive Erklärungsmuster „auszutreiben". Vielmehr bot sie uns eine andere Sichtweise an, die sich als sehr viel hilfreicher erwies und genau wieder in mein spirituelles Grund-Motto „Es geht immer wieder weiter" passte: „Nehmt die Krankheit als Herausforderung für eure Entwicklung als Einzelne und als Paar!" Herausforderung zur Entwicklung: Daraus ergaben sich für uns ganz wichtige neue Impulse: Zum Beispiel: „Lebe im Jetzt!", „Genießen wir das, was jetzt möglich ist, anstatt uns wegen möglicher fataler Verläufe der Krankheit Sorgen zu machen!" Aus diesen Haltungen heraus haben wir sogar noch ein neues Haus gebaut, in dem – wie sich dann herausstellte – Margarete noch fast zehn Jahre verbringen konnte und in dem sie sich privat wie beruflich rundum wohlfühlte. Außerdem haben wir unserer Beziehung eine neue Tiefe und Intensität abgewonnen. Einseitigkeiten, die sich vorher eingespielt hatten, unser beider ängstliche „Autonomie-Wahrung" und meine Probleme mit „Für sie da sein", dem auf ihrer Seite ein „Ich muss alles alleine machen!" entsprach, konnten wir damals korrigieren. Ich lernte Fürsorge, und sie lernte „Annehmen-Können", und dies ermöglichte eine Nähe in unserer Beziehung, die wir bis dahin nicht erreicht hatten. So wurde mir, jedenfalls im Nachhinein, auch hier deutlich: Es gibt kein schlimmes Ende, das man wirklich befürchten müsste. Es gibt immer einen Weg, es geht immer weiter!

Noch ein zweiter Aspekt der Krankheitsphase meiner Frau war für uns beide von großer Bedeutung, gerade auch in spiritueller Hinsicht. Ich hatte mich ja schon seit einer Weile von den Grundsätzen meiner Kirche weit entfernt und konnte auch nichts mehr mit den traditionellen Gottesdiensten anfangen. Ganz ähnlich erging es Margarete, die aus einer „streng katholischen" Familie kam und sich im Laufe ihrer therapeutischen Ausbildung auch sehr weit davon entfernt hatte. So „praktizierten" wir schon seit längerer Zeit nichts Religiöses mehr. Dies erschien vor allem ihr allmählich als Mangel. Das Bedürfnis nach etwas „Umfassendem", in dem man sich auch in Zeiten der Krise und Bedrohung aufgehoben fühlt, erwachte bei uns beiden. So fanden wir eine neue religiöse, spirituelle Praxis in der so genannten „gegenstandslosen" Meditation, die wir bei einer Dürckheim-Schülerin kennenlernten und dann bei dem bekannten Meditationslehrer P. Willigis Jäger intensiver üben lernten. Dies war eine Form, die unserem Selbst- und Weltverständnis entsprach und einen als sehr existenziell empfundenen Mangel behob. Da P. Willigis aus der gleichen katholischen Tradition kam wie wir beiden auch, die alten Formen aber in ganz neuer Gestalt vollzog, wurden auch diese alten Rituale für uns wieder lebendig und gaben uns wieder neuen Halt. Dies habe ich in sehr berührender Form an ihr und mir erlebt, als P. Willigis ihr kurz vor ihrem Tod die so genannte „Krankensalbung", das katholische „Sterbesakrament", spendete, und ich selbst dann bei ihrem Begräbnis, das er nach altem Ritus leitete, und der „Totenmesse", die er mit uns danach feierte. Diese alten Formen gewannen tatsächlich auf dem Hintergrund unserer Meditationspraxis, die wir in den letzten Jahren gemeinsam gepflegt hatten, einen ganz neuen Inhalt und die Texte der Bibel wieder eine lebendige, bildhafte Bedeutung, die uns sehr half, uns dem endgültigen Abschied mutig und zuversichtlich zu stellen.

Der Tod und die Zeit danach

Natürlich gab es da auch andere Phasen: Zeiten der Angst und der Verzagtheit bei ihr und bei mir, Zeiten des Haderns mit dem Schicksal, Zeiten auch der Wut und Enttäuschung, wenn bei einer Nachuntersuchung neue Wucherungen festgestellt wurden. Und ich erinnere mich auch sehr lebhaft an die Nacht unmittelbar nach ihrem Tod. Als ich aus der Klinik, wo sie gestorben war, nach Hause kam und in der Küche den ganzen Küchentisch voll mit den Medikamenten sah, mit denen sich Margarete abgemüht hatte und die letztlich doch nichts gebracht hatten, packte mich eine unsägliche Wut. Ich musste mich an der Tischkante festhalten, um diese ganze Batterie von Flaschen und Fläschchen nicht am Küchenboden zu zerschmettern.

Der Tod war – trotz allen Einsatzes und aller Bemühungen – nicht abzuwenden gewesen. Neben der Wut und Hilflosigkeit gab es natürlich auch andere Gefühle: Trauer über den Verlust, Einsamkeit jetzt allein in dem großen Haus, Angst, jetzt alles allein stemmen zu müssen. Und sehr bald auch das Gefühl einer gewissen Erleichterung nach all den Kämpfen zwischen Hoffen, Bangen und neuen Enttäuschungen.

Kurz nach Tod und Begräbnis begann die schon lange geplante Sommerpause. Hier habe ich etwas getan, worüber ich heute noch froh bin. Ich habe mich in dieser Zeit nicht der Hektik hingegeben, die ganze Beileidspost zu beantworten, irgendwelche Regelungen, die jetzt nötig waren, zu treffen, sondern mir Freiraum geschaffen. Ich bin mit meiner jüngeren Tochter in die Berge gefahren und habe mir jeweils zu früher Stunde täglich Zeit genommen, zu meditieren, Rückschau auf unsere gemeinsame Zeit zu halten und zu schreiben Das war für mich die denkbar beste „Trauer-Arbeit".

Und es gab noch etwas anderes, das ich wieder eine intensive „spirituelle Erfahrung" nennen möchte. Was ich in dieser Zeit und in den ersten Jahren danach erlebte, kann ich nicht besser ausdrücken als mit einem wunderbaren Gedicht von Rainer Maria Rilke, das ich darum hier in seiner ganzen Länge zitieren möchte:

Todes-Erfahrung[3]

Wir wissen nichts von diesem Hingehn, das
nicht mit uns teilt. Wir haben keinen Grund,
Bewunderung und Liebe oder Haß
dem Tod zu zeigen, den ein Maskenmund

tragischer Klage wunderlich entstellt.
Noch ist die Welt voll Rollen, die wir spielen.
Solang wir sorgen, ob wir auch gefielen,
spielt auch der Tod, obwohl er nicht gefällt.

Doch als du gingst, da brach in diese Bühne
Ein Streifen Wirklichkeit durch jenen Spalt,
durch den du hingingst: Grün wirklicher Grüne,
wirklicher Sonnenschein, wirklicher Wald.

Wir spielen weiter. Bang und schwer Erlerntes
hersagend und Gebärden dann und wann
aufhebend; aber dein von uns entferntes,
aus unserm Stück entrücktes Dasein kann

uns manchmal überkommen, wie ein Wissen
von jener Wirklichkeit sich niedersenkend,
so daß wir eine Weile hingerissen
das Leben spielen, nicht an Beifall denkend.

Ich verstehe nicht jeden einzelnen Satz in diesen Zeilen ganz genau. Ich möchte aber das eine oder andere herausgreifen, was mich gerade in der Erfahrung mit und nach dem Tod meiner Frau sehr angesprochen hat: Rilke vergleicht hier unser Leben mit einem Theaterspiel auf einer Bühne. Hier spielen wir Rollen und sind dabei nicht ganz wir selbst, darum beziehen wir unser Selbstwertgefühl aus dem Beifall, den wir ernten, wenn wir dem Publikum gefallen. Aber solange wir das tun, „spielt auch der Tod, obwohl *er* nicht gefällt". Das ändert sich allerdings beim Tod eines sehr nahen, geliebten Menschen: „Doch als du gingst, da brach in diese Bühne ein Streifen Wirklichkeit durch jenen Spalt, durch den du hingingst". Und dieser „Streifen Wirklichkeit", dieses Licht bewirkt, dass wir die uns umgebende Wirklichkeit ganz neu, anders, intensiver und wesentlicher erleben: „Grün *wirklicher* Grüne, *wirklicher* Sonnenschein, *wirklicher* Wald."

Hier ist in für mich sehr bewegenden Worten unnachahmlich ausgedrückt, was ich damals erlebt habe: Die Wirklichkeit um mich begann, eine ganz neue Sprache zu sprechen, zeigte sich mir neu und intensiv. So ging es mir mit dem Naturerleben, bei tieferen Begegnungen mit vielen Menschen – aber anderes, das mir vorher noch sehr wichtig war (ob ich anderen auch „gefiele" in meiner „Rolle"), wurde plötzlich für mich unwichtig. Ich erlebte mich gelassener, mehr auf die wesentlichen Dinge ausgerichtet, viel weniger abhängig von Zukunftsängsten, Akzeptanz oder Nicht-Akzeptanz bei anderen. Mein Leben wurde durch das Erlebnis des Sterbens meiner Frau durchscheinend, durchlässiger, keineswegs weniger wichtig, aber in einem ganz neuen Licht, farbiger, intensiver: „Grün wirklicher Grüne, wirklicher Sonnenschein, wirklicher Wald"!

Solches Erleben von Menschen, Natur, beruflichen Aufgaben und anderem verblasste (leider!) bei mir wieder. Dies drückt auch Rilke in der nächsten Strophe aus: „Wir spielen weiter …" Wir kehren wieder zum gewohnten „Rollen-Spiel" zurück. Doch es ist anders als bisher. In manchen Momenten kann es nämlich geschehen: „Dein von uns entferntes, aus unserm Stück entrücktes Dasein kann uns manchmal überkommen, wie ein Wissen von jener Wirklichkeit sich niedersenkend, so dass wir eine Weile hingerissen das Leben spielen, nicht an Beifall denkend." Wir spielen dann nicht mehr nur eine Rolle in unserm Lebens-Stück. In das Leben ist auch etwas Lichtes, Spielerisches gekommen: Wir beginnen, das Leben selbst zu spielen, „so dass wir eine Weile hingerissen das Leben spielen, nicht an Beifall denkend".

Nach meiner Auffassung schildert hier Rilke also den Verlust eines geliebten Menschen als eine intensive spirituelle Lebenserfahrung, die uns, wenn wir es einmal erlebt haben, nicht mehr loslässt und uns eine ganz andere Wirklichkeit eröffnet als diejenige unseres früheren „Rollen-Spiels". So habe ich auch Margaretes Tod, die Zeit danach und in wiederkehrenden Momenten auch später erlebt, und so erahne ich es manchmal, wenn ich beim Meditieren die in allem und hinter allem sich auftuende „Leere" jener „Wirklichkeit", von der das Gedicht spricht, erahne.

Vom achtsamen Umgang mit alltäglichen Verstrickungen

Cornelius von Collande

Was ist Achtsamkeit?

Wenn Menschen sich auf den Weg der täglichen Meditation begeben, beginnt für sie auch die Übung der Achtsamkeit eine große Rolle zu spielen. Was ist Achtsamkeit? Spontan erscheinen, je nach eigenem Temperament, Assoziationen wie „vorsichtig, still, besonnen, langsam" oder auch „langweilig, kraftlos, brav", oder vielleicht sogar eine Attacke des inneren Richters: „Jetzt aber bloß keine Fehler machen!" Kann es Achtsamkeit auch inmitten der alltäglichen Verwicklungen geben? Eine Kursteilnehmerin klagte: „Sie als Mann können gut reden. Ich bin allein erziehende Mutter von zwei kleinen Kindern. Wie soll ich da zwischen Kindergeschrei und Berufsstress achtsam sein?"

Das Thema Achtsamkeit spielt in der wissenschaftlichen Szene – insbesondere in der Psychotherapieforschung – eine immer größere Rolle. So widmet die Psychotherapeutin Marsha H. Linehan in ihrem *Trainingsmanual zur Dialektisch-Behavioralen Therapie der Borderline-Persönlichkeitsstörung* der „Inneren Achtsamkeit" ein ganzes Kapitel. Hier werden Kompetenzen gefördert wie „intuitives Verstehen", „bedingungsloses Akzeptieren", die „innere Weisheit" und vieles andere. Jon Kabat-Zinn entwickelte schon vor 25 Jahren ein mittlerweile weltweit an über 300 Kliniken und Gesundheitszentren praktiziertes und ausführlich erforschtes Achtsamkeitstraining zum besseren Umgang mit Stress und Schmerzen: „Mindfulness-Based Stress Reduction" (MBSR). In seinem Buch *Gesund durch Meditation* gibt er folgende Definition von Achtsamkeit:

„Achtsamkeit bedeutet, auf eine bestimmte Weise aufmerksam zu sein: bewusst im gegenwärtigen Augenblick und ohne zu urteilen. Diese Art der Aufmerksamkeit steigert das Gewahrsein und fördert die Klarheit, sowie die Fähigkeit, die Realität des gegenwärtigen Augenblicks zu akzeptieren. Sie macht uns die Tatsache bewusst, dass unser Leben aus einer Folge von Augenblicken besteht. Wenn wir in vielen dieser Augenblicke nicht völlig gegenwärtig sind, so übersehen wir nicht nur das, was in unserem Leben am wertvollsten ist, sondern wir erkennen auch nicht den Reichtum und die Tiefe unserer Möglichkeiten zu wachsen und uns zu verändern. Achtsamkeit ist eine einfache und zugleich hochwirksame Methode, uns wieder in den Fluss des Lebens zu integrieren, uns wieder mit unserer Weisheit und Vitalität in Berührung zu bringen."

Diese Aussage zeigt uns Möglichkeiten auf, den Weg der Meditation und damit die Übung der Achtsamkeit, die in ihrer klassischen Form ja klösterlich (d. h. fern von Alltagsbeziehungen) geprägt ist, in unseren ganz alltäglichen Beziehungsverstrickungen zu praktizieren. Was heißt das konkret an unserer Arbeitsstelle, in unserer Familie, im Umgang mit unseren Partnern und Kindern? Was bedeutet das in der Beziehung zu unserer Umwelt?

Im Grunde geht es dabei immer darum, sich erst einmal zu fragen: „Was geschieht gerade jetzt?", bevor wir uns die Frage stellen: „Was kann ich tun?" Was bedeutet es, wenn ich mir klarmache, dass die von mir wahrgenommene Welt nur ein subjektives Konstrukt ist? Was geschieht, wenn ich aufhöre, andere für die Enttäuschung meiner Vorstellungen verantwortlich zu machen? Was verändert sich durch mein Urteil? Ist es möglich, zu würdigen, was ist, und sich trotzdem davon abzugrenzen? Gibt es außerhalb meines Bewusstseins überhaupt Grenzen, und wie kann ich in Anbetracht dessen gleichzeitig die ganz alltäglichen Herausforderungen meistern?

Sein oder tun

Einst wandte sich ein Bauer an Buddha und berichtete ihm von seinen Problemen. Er schilderte die Schwierigkeiten in der Landwirtschaft und berichtete, wie die Dürre und der Monsun ihm die Arbeit schwer machten. Er erzählte auch von seiner Frau. Er liebte sie, aber er hätte sie in einigen Punkten gern anders gehabt. Dasselbe galt für seine Kinder. Auch diese liebte er, doch sie entwickelten sich nicht ganz nach seinen Vorstellungen. Als der Bauer geendet hatte, wollte er von Buddha wissen, wie dieser ihm bei seinen Schwierigkeiten helfen könnte.
Buddha antwortete: Es tut mir leid, aber ich kann dir nicht helfen.
Was soll das heißen, schimpfte der Bauer. Angeblich bist du doch ein großer Lehrer!
Buddha erwiderte: Weißt du, alle Menschen haben dreiundachtzig Probleme. Das ist die traurige Wahrheit. Einige Probleme verschwinden ab und zu, aber es dauert nicht lange, bis sich dafür andere einstellen. Wir haben also immer dreiundachtzig Probleme.
Der Bauer stieß verärgert hervor: Wozu ist dann deine Lehre gut?

Buddha antwortete: Meine Lehre bietet keine Hilfe bei den drei-
undachtzig Problemen, aber sie kann vielleicht beim vierund-
achtzigsten Problem helfen.
Und wie lautet das?, erkundigte sich der Bauer.
Das vierundachtzigste Problem besteht darin, dass wir keine
Probleme haben wollen.

Es gibt auf unserem spirituellen Weg also eine gute und eine
schlechte Nachricht:
Die schlechte ist, dass unsere (dreiundachtzig) Probleme nicht
einfach verschwinden, dass „die Dürre" uns oft die Arbeit
schwer macht, dass unser Partner „an einigen Punkten ganz
anders" ist, als wir ihn gerne hätten, und dass unsere Kinder
sich „nicht ganz nach unseren Vorstellungen" entwickeln.
Die gute Nachricht ist, dass wir etwas über unsere Haltung
hinsichtlich unserer Probleme lernen können. Wir lernen
letztendlich, dass es keinen Sinn macht, gegen unser Leben zu
kämpfen, weil wir begreifen, dass wir in Wahrheit nichts anderes als das Leben selbst sind.
Immer wieder kommen Kursteilnehmer mit der Frage zu mir:
„Was soll ich tun?" Der Weg der Meditation lehrt uns aber eine
Haltung im Zustand des Seins. Demzufolge wäre die passende
Frage angesichts eines Problems: „Wie wirkt das gerade auf
mich?" Ich möchte das anhand einer eigenen Erfahrung erläutern:
Ein Bekannter löste immer wieder ein gewisses Unbehagen in
mir aus. Meine spontane Reaktion darauf war: „Er ist unsympa-
thisch! Ich will mit ihm eigentlich nichts zu tun haben." Da ich
aber den Kontakt aus verschiedenen Gründen nicht vermeiden
konnte, stellte ich mir die Frage: „Wie könnte ein achtsamer
Umgang mit ihm aussehen?" Indem ich genau hinschaute, tra-
ten wie bei einer Zwiebel verschiedene Schichten zutage. Unter
meiner ärgerlichen Abwehr fand sich eine Schicht der Angst,

denn er erinnerte mich in seiner Art an meinen ehemals als übermächtig erlebten Vater. Die Erinnerungen an meine Kindheit lösten Trauer in mir aus. Als ich dies erkannt hatte, tauchte eine Schicht der Stille in mir auf. Diese Stille öffnete mir einen neuen Raum, in dem sowohl der Andere als auch ich selbst meinen Platz hatten.

Im Grunde geht es darum, den folgenden zirkulären Prozess zu vollziehen:

1. Umkehr:

Nicht der Andere oder die Welt sind schuld an meinem Leid, sondern ich bin durch den Anderen irritiert, und zwar auf Grund von prägenden Erfahrungen, die ich in meinem Leben gemacht habe. Die Welt aber darf so sein, wie sie ist! Der Andere darf so sein, wie er ist! Ich darf mich natürlich von ihm abgrenzen, ihn sogar notfalls vor Gericht bringen, aber das, was mich wirklich für meinen eigenen Entwicklungsprozess öffnet, ist das Interesse an meiner Irritation.

2. Ganzheitliche Erfahrung meiner Irritation:

Hier beginne ich zu forschen und begegne ganz sinnlich meinen körperlichen, emotionalen und geistigen Reaktionen. Indem ich der Irritation mit Interesse und Kompetenz begegne, erwächst mir daraus eine neue alchemistische Mischung, eine neue Freiheit.

3. Antwort statt Reaktion:

An dieser Stelle, dem Zwischenraum zwischen innerer und äußerer Reaktion, weitet sich mein seelischer Binnenraum und es kann eine selbstverantwortliche und angemessene Antwort entstehen. Diese Antwort fällt ganz individuell aus, es gibt also keine Norm, was hier zu geschehen hätte. In jedem Fall entsteht die Freiheit, zwischen verschiedenen Optionen zu wählen.

4. Etwas Neues geschieht:
Durch meine Antwort auf die Situation stoße ich etwas Neues an und der Prozess beginnt von vorn.

Ein häufiger Einwand an dieser Stelle ist, dass es nun aber wirklich Situationen gibt, in denen der Andere oder die Umstände an meinem Leid schuld sind. Ich bestreite nicht, dass es tatsächlich sehr schwere Umstände und Schicksale gibt. Ich möchte aber in diesem Zusammenhang auf den jüdischen Psychotherapeuten Viktor Frankl verweisen, der das Konzentrationslager nach eigenem Bekunden nur deshalb überlebte, weil er sich nicht zum Opfer machte und stattdessen seine Freiheit, Würde und Selbstverantwortung als Mensch betonte. Frankl formulierte das sinngemäß so: „Es kommt nicht darauf an, was wir vom Leben erwarten, sondern was das Leben von uns erwartet."

Wie wir die Welt wahrnehmen

Es erscheint uns so, als könnten wir mit unseren Sinnesorganen die Welt „da draußen", so wie sie ist, wahrnehmen. Diese Haltung wird heute als „naiver Realismus" bezeichnet, weil sie unsere spezifisch menschliche Wahrnehmung der Welt verabsolutiert. In neuerer Zeit hat sich eine Sichtweise durchgesetzt, die „Konstruktivismus" genannt wird. Demnach konstruieren wir auf spezifisch menschliche und auf höchst persönliche Weise die Wirklichkeit. Wir erhalten von unsern Sinnesorganen Informationen, die wir auf Grund von Erfahrungen interpretieren. So kann ich zum Beispiel diesen Gegenstand vor mir nur deshalb als Buch erkennen und seinen Sinn verstehen, weil ich ihn als Kleinkind ausführlich untersucht und so meine Erfahrungen mit ihm gemacht habe.

Die Kenntnis von der Entstehung persönlicher Bedeutungs-muster und ihrer Veränderung gehört zu den Grundwerk-zeugen der Psychotherapie. So erscheint es als logisch, dass ein Mensch, dem in seiner Kindheit liebevolle Aufmerksam-keit zuteil wurde, die Welt durch eine andere Brille sieht als ein Mensch, der von seiner überforderten Mutter und seinem abwesenden Vater wenig Zuwendung bekam. Ein Beispiel für unsere unterschiedliche Sichtweise der Welt erlebte ich kürz-lich in einer Meditationsgruppe: Ein Mann hatte während einer Meditationsrunde einen Hustenanfall und fand nach der Pause zwei Hustenbonbons auf seinem Platz vor. War dies seitens einer Kursteilnehmerin als ein Zeichen von Fürsorge geschehen, empfand er selbst dies als zutiefst kränkend, weil es ihm das Gefühl vermittelte, mit seinem Husten unerwünscht zu sein. Es ist nicht schwer zu erraten, welche Erfahrungen seine Wahrnehmung geprägt haben.

Als kleines Gedankenexperiment möchte ich Sie an dieser Stelle zu der folgenden Szene einladen: Stellen Sie sich vor, Sie gehen eine Straße entlang. Plötzlich kommt Ihnen eine gute Bekannte entgegen, die Sie erfreut begrüßen. Diese geht jedoch wortlos an Ihnen vorbei. Wie reagieren Sie darauf? Je nach Ihren bisherigen Erfahrungen mit dem Leben sind völlig unterschiedliche Reaktionen möglich: Überraschung, Empö-rung, Erheiterung, Resignation, Selbstvorwürfe, Wut.

Wirklich spannend wird es, wenn wir berücksichtigen, dass auch Haltungen, Urteile und Meinungen sehr früh erlernt und später als allgemeingültige Wahrheit empfunden werden. Man halte sich nur einmal den Unterschied zwischen der Wahrneh-mung folgender Männer vor Augen: der eine, aufgewachsen in einer deutschen Großstadt, der andere in einem sizilia-nischen Dorf. Wie verschieden werden diese beiden allein mit dem Thema „Ehre" umgehen? Und wer hat dabei recht? Wie viele Kriege sind schon in Unkenntnis unterschiedlicher kultureller Bedeutungen entbrannt? Kann man angesichts kulturell geprägter Meinungen überhaupt noch von „richtig" und „falsch" reden?

An dieser Stelle wird auch klar, wie wichtig es ist, um diese Zusammenhänge zu wissen. Wir können die Prägungen nicht vermeiden, und das wäre auch nicht sinnvoll, denn sie sind zugleich evolutionär hoch wirksame Anpassungsleistungen. Wir können sie allerdings transparent machen und so ihre Subjektivität erkennen. Der Deutsche und der Sizilianer könnten einander angesichts dieser Kenntnis völlig anders gegenübertreten: „Erzähl mir von deiner Welt, ich erzähle dir von meiner!" Auf den Punkt gebracht bedeutet das, dass das Wissen um die subjektive Konstruktion meiner ganz persönlichen Welt mir die Freiheit zur Relativierung und damit auch zur Akzeptanz anderer Wahrheiten gibt. Vielleicht gelingt es mir ja auch zu verstehen, dass es „die Wahrheit" gar nicht gibt oder, anders ausgedrückt, dass alle Wahrheiten gleichzeitig ihre Existenzberechtigung haben. Dr. Linda Lehrhaupt schreibt dazu in ihrem mit Petra Meibert verfassten Buch *Stress bewältigen mit Achtsamkeit* Folgendes:

„Vorlieben und Abneigungen sind Gewohnheiten des Geistes. Vorlieben und Abneigungen erscheinen uns real, weil wir an sie gewöhnt sind.
Achtsamkeit bringt Lebendigkeit in jeden Augenblick.
Wir können Unterschiedlichkeit und Gleichheit unbefangen wahrnehmen."

Was wir glauben

Eine noch subtilere Ausformung unserer Konstrukte sind unsere Glaubenssätze. Ich wurde kürzlich gefragt, woran man erkennen könne, dass man in Glaubenssätzen verfangen sei.

Meine Antwort war, dass Enttäuschung ein untrügliches Zeichen dafür ist. Enttäuschung ist geradezu ein Wecksignal dafür, dass wir einen Glaubenssatz hatten, der sich nicht bewahrheitet hat. Stellen Sie sich vor, Sie kommen nach einem langen Arbeitstag nach Hause. Sie sind erschöpft und erwarten ein paar ruhige Stunden im Kreise Ihrer Familie. Doch dort schlägt Ihnen das blanke Chaos entgegen. Der Hund bellt, die Kinder kreischen, Ihre Frau oder Ihr Mann sind genervt, und nichts ist so, wie Sie es erwartet hatten. Sie sind enttäuscht, knurren noch etwas vom „wohlverdienten Feierabend" und der Familienkrach ist vorprogrammiert. Was aber ist wirklich passiert? Ihr Glaubenssatz: „Mir stehen nach der Arbeit ein par ruhige Stunden zu", wurde enttäuscht. Sie haben sich getäuscht. Wenn Sie das erkennen können, haben Sie neue Handlungsoptionen. Sie werden vielleicht sagen: „Schade, gerade ist es mit der Ruhe anscheinend nichts, aber ich bin mal gespannt, wie der Abend noch weitergeht."

Wir haben unendlich viele Glaubenssätze, die wir drehen und wenden, so wie wir sie gerade brauchen. Geht es um Krankheit und Tod, so lauten sie: „Warum gerade ich?", geht es aber um beruflichen Aufstieg und Reichtum, so heißen sie: „Warum nicht ich?" Immer dann, wenn die Welt oder die Menschen nicht so wollen, wie wir es uns vorgestellt haben, sollte ein Wecker in uns läuten, um uns zu signalisieren: „Aufwachen! Es war nur eine Vorstellung!" Vorstellungen zu erkennen bedeutet, Entscheidungsfreiheit zurückzugewinnen. Bewusstheit zu erlangen bedeutet Vergrößerung des seelischen Spielraums. So können wir ein Leben lang reifen.

In der Praxis gelingt uns das leider nicht allzu oft und so kommt es häufig zu Enttäuschungen und gegenseitigen Vorwürfen. Indem wir mit unserem anklagenden Zeigefinger auf Andere deuten, projizieren wir einen uns unangenehmen Anteil nach außen und berauben uns somit der Möglichkeit, mit ihm vertraut zu werden. Das macht das folgende Zen-gedicht deutlich:

> *Keine Vorwürfe!*
> *Keine Vorwürfe!*
> *Auf keinen Fall Vorwürfe!*
> *Wenn ein Vorwurf sich regt, schau auf das Meer.*
> *Das alles aufnehmende, hell glänzende Meer!*

Was aber ist damit gemeint? Eine Freundin von mir liebte es, abends, statt fernzusehen, mit ihrem Mann Karten zu spielen. Ihr Mann allerdings wollte gerade zu dieser Zeit oft noch einen Krimi sehen. Der erste Impuls meiner Bekannten angesichts dieser Situation war ein zorniges: „Ich mach es richtig, du nicht, schalte doch endlich die Glotze aus!" Nach einer Zeit der inneren Reflexion musste sie allerdings feststellen, das sich unter ihrem Ärger große Verlassenheit verbarg und dahinter die tiefe Sehnsucht nach Verbundenheit. Sie fühlte sich allein-gelassen, wenn sich ihr Mann (ihrer Vorstellung nach) von ihr ab- und dem Fernseher zuwandte. Durch diese Erkenntnis er-langte sie die Freiheit, sich mit dem eigentlichen Mangel aus-einanderzusetzen. Und sie konnte jetzt auch mit ihrem Mann darüber zu reden. Allerdings diesmal ganz anders.

Das Gedicht ist also keineswegs moralisch gemeint, im Sinne von: „Spirituelle Menschen sollten anderen keine Vorwürfe machen"! Und es bedeutet schon gar nicht, dass wir, wenn Gefühle sich regen, diese schnell im Meer ertränken sollten. Ganz im Gegenteil: Wenn sich ein Vorwurf regt, können wir dies als willkommene Gelegenheit begrüßen und uns fragen: Welche Vorstellung ist gerade enttäuscht worden? Wenn Sie bemerken, dass es nur eine Vorstellung war, die zu Bruch ge-gangen ist, können Sie vielleicht die Wirklichkeit sehen, die durch den Riss hindurchscheint. Die Wirklichkeit ist jenseits von Konzepten und Vorstellungen, sie ist „grenzenlos und leer wie der Weltraum", wie es in einem Zendialog heißt. Das kann zunächst große Angst machen, denn wir lieben das Vertraute und wir fürchten das Unbekannte. Aber je kompetenter wir uns in diesem weiten Raum bewegen, desto mehr weicht die Angst einem ehrfürchtigen Staunen angesichts der Fülle des Lebens.

Wie Urteile wirken

Achtsamkeit bedeutet, auf eine bestimmte Weise aufmerksam zu sein: bewusst im gegenwärtigen Augenblick und ohne zu urteilen.

Jon Kabat-Zinns Aufforderung, nicht zu urteilen, empfinden viele Menschen erst einmal als eine echte Provokation. Bedeutet sie etwa, dass der Mörder nun nicht mehr verurteilt werden soll? Können wir überhaupt leben, ohne zu urteilen?
Das Urteilen ist – ebenso wie viele unserer Vorstellungen – ein evolutionär höchst erfolgreicher Prozess, der uns vor Schmerz bewahren will. So hilft mir meine Urteilsfähigkeit dabei, einem Hund, der mich einmal gebissen hat, die Hand nicht ein zweites Mal hinzuhalten. Doch muss ich mich deshalb von allen Hunden fernhalten? Vielleicht ist ja schon der nächste Hund, der mir begegnet, ein Lawinenhund, der mir das Leben rettet. Das Leben ist nicht statisch und daher lohnt es sich, in jeder Situation erneut zu fragen: „Stimmt mein Urteil hier und jetzt wirklich?" Aus der ursprünglichen Notwendigkeit, effektiv mit der Welt umzugehen, fällen wir ständig Urteile über andere Menschen. Um dies zu verdeutlichen, möchte ich Sie zu folgendem Gedankenexperiment einladen:
Stellen Sie sich vor, Sie sitzen in der Straßenbahn und ein Mann nimmt Ihnen gegenüber Platz. Sie schauen ihn an und

innerhalb von Sekundenbruchteilen rebelliert alles in Ihnen, weil Sie ihn als abstoßend empfinden. Er hat etwas an sich, mit dem Sie nichts zu tun haben möchten. Was geschieht in diesem Augenblick? Ihr unmittelbar auftretendes Urteil und dessen Konsequenzen unterbrechen jegliche Empathie und jeden Kontakt mit Ihrem Gegenüber. Von nun an ist Ihnen weitgehend egal, was mit ihm geschieht. Er könnte jetzt tot vom Sitz fallen, und es würde Sie kaum berühren. Stellen Sie sich nun vor, Sie fühlten sich von ihm gar bedroht und bekämen Angst. Von da an ist es Ihnen nicht nur egal, was mit ihm geschieht, sondern Sie sind sogar bereit, aktiv daran mitzuwirken, dass er verschwindet – wie auch immer. Das ist genau die Stimmung, aus der Fremdenfeindlichkeit, Nationalismus und Krieg geboren werden.

Halten Sie an dieser Stelle des Gedankenexperiments inne und fragen Sie sich: Darf der Andere so sein, wie er ist? Schauen Sie ihn sich in Gedanken noch einmal genau an. Vielleicht sehen Sie nun die Müdigkeit in seinen Augen, vielleicht erkennen Sie die Angst hinter seinem zusammengekniffenen Mund, vielleicht sehen Sie an seiner verwahrlosten Kleidung, dass er vor dem Leben resigniert hat. Können Sie sich vorstellen, wie er als Kind ausgesehen hat? Darf er so sein, wie er jetzt ist? Was würden Sie jetzt empfinden, wenn er tot von seinem Sitz fiele? Wie steht es jetzt mit Ihrer Angst und dem Wunsch, er müsse verschwinden?

Möglicherweise sagen Sie jetzt, dass Sie trotzdem nicht neben ihm sitzen möchten und dass Sie, wenn er versuchen würde, Ihr Portemonnaie zu stehlen, ihn sehr wohl daran hindern würden. Doch völlig unabhängig von Ihrer individuellen Reaktion hat mit dem Wiederherstellen von Empathie eine Transformation stattgefunden: Sie haben dem Menschen seine Würde zurückgegeben – oder besser ausgedrückt: Sie haben diese wiederentdeckt. Offensichtlich ist es also möglich, einen

Menschen in seinem Sein zu würdigen und ihn, wenn nötig, gleichzeitig in seinem Tun zu verurteilen.

Was hat es mit der Würde auf sich? In der Würzburger Missionsärztlichen Klinik steht im Foyer ein großer Baumstamm. Er wurde aus Afrika hergebracht; Hunderte von Menschenleibern jeden Alters sind hineingeschnitzt. Der ganze Stamm ist voller Menschen, dicht an dicht, einer neben, über und unter dem anderen. Ist das nicht ein wunderbares Bild unseres Platzes im Leben? Dort, wo du bist, und so, wie du bist, bist du richtig. Du bist immer zu Hause. Und es kann gar nicht anders sein, denn da kann niemand herausgezogen und niemand anderes hineingesteckt werden. Ein japanisches Sprichwort sagt: „Jede Schneeflocke ist am richtigen Ort." Selbst ein Säugling, der nur eine Minute lebte, hatte seinen Platz und seine Erfüllung. Sein Leben fügte dem Leben Neues hinzu, das auch wieder nur so sein kann, wie es ist. Wenn wir einmal alle Verwicklungen unseres Menschseins beiseite lassen, erscheint das so offensichtlich: Was könnte falsch sein an den Planeten und ihren Bahnen?

So wird es auch in einem Vers des Gedichts *Desiderata* (Segenswünsche), das aus der Old St. Paul's-Kirche in Baltimore stammen soll, beschrieben:

„… Du bist ein Kind des Universums, nicht weniger als die Bäume und Sterne, du hast ein Recht darauf, hier zu sein. Und die Kraft des Universums wird sich so entfalten, wie es sein muss, ob dir das klar ist oder nicht …"

Das ist deine Würde, die du mit allen Lebewesen, ja dem ganzen Universum teilst. Du kannst sie nicht verlieren. Was auch immer du tust, wo auch immer du bist, du bist in deiner Würde, ob dir das klar ist oder nicht! Und genau diese Würde ist es, die du Anderen und damit zugleich auch dir selbst absprichst, wenn du bewertend den Kontakt unterbrichst. Wenn du dich hingegen berühren lässt, betrittst du einen Raum, der jenseits ist von gut und schlecht, einen Raum, der nichts mit Moral zu tun hat. Es ist ein Raum, so „grenzenlos und leer wie der Weltraum". Von ihm kündet das folgende Zengedicht:

> *Mond und Wolken sind gleich,*
> *Berge und Täler verschieden.*
> *Alles ist gesegnet. Zehntausendfach gesegnet.*
> *Ist dies eins? Sind dies zwei?*
> *Alles ist gesegnet. Zehntausendfach gesegnet!*

Oder wie ein altes Kirchenlied sagt:

> *Wechselnde Pfade, Schatten und Licht:*
> *Alles ist Gnade, fürchte dich nicht!*

Würdigen, was ist

Normalerweise spalten wir uns in unangenehmen Situationen von unserem Leben ab und verharren in Wunschvorstellungen auf eine bessere Zukunft. Aber wo sind wir dann? Im Hier und Jetzt sind wir nicht und im Wunschtraum erst recht nicht. Wir berauben uns dadurch unserer Verankerung, denn selbst das tristeste Sein bleibt, im Gegensatz zu Träumen, Realität. Wenn wir uns von dieser Realität abwenden, verlieren wir den Kontakt zum Leben selbst. Achtsamkeit bedeutet aber vollkommene Intimität mit dem Leben. In jedem Moment sollten wir uns dieser unmittelbaren Innigkeit mit uns selbst bewusst sein: Jedes Ausatmen ist ein tiefes, vertrauensvolles, hingebungsvolles „Ja" zum Leben, wie es sich gerade darstellt, jedes Einatmen die Bekräftigung unserer radikalen Liebe zur Wahrheit.

Aus einem bekannten Zendialog stammt der Ausspruch: „Jeder Tag ein guter Tag."

Aber können wir das wirklich aus vollem Herzen sagen? Vor einiger Zeit schrieb mir eine gute Bekannte, nachdem sie auch ihr zweites Kind kurz nach der Geburt verloren hatte:

„Auf die Geburt unseres Sohnes waren wir besser vorbereitet. Zwar schien uns eine Wiederholung des gleichen Schicksals sehr unwahrscheinlich, doch rangen wir vor seiner Ankunft nicht allein darum, dass alles gut gehen möge, sondern auch darum, dass wir alles, so wie es kommt, annehmen könnten. … Die Erleichterung über seinen ersten kräftigen Schrei und darüber, dass er keine Behinderung hatte, hielt nur kurze Zeit, denn innerhalb der ersten Stunde zeigten sich die gleichen Auffälligkeiten wie bei unserer Tochter … Auch wenn es uns nicht leichtfiel, versuchten wir immer wieder aufs Neue, bereit zu sein für diesen Weg, auch wenn dieser anders aussah als unser Wunsch. Auch der Tod unseres Sohnes traf uns schwer. Nach zwei Wochen mussten wir auch sein Leben wieder loslassen und zurückgeben. Aber ebenso wie unsere Tochter hat sein Dasein uns so bereichert, dass der Sinn seines kurzen Lebens nie in Frage gestellt war und ist. Die Zeit mit unseren Kindern begleitet unser Leben wie ein Schatz. Jeder Tag war ein guter Tag!"

In diesen Worten wird deutlich, dass hier das Wort „gut" eine viel tiefere Bedeutung hat, als wenn ich sage: „Ich hatte heute einen guten Tag." Aber wo genau liegt der Unterschied? In seinem Roman. *Stein und Flöte* schreibt Hans Bemmann:

> *Es war das Leben selbst, was dieser Flöter spielte:*
> *Heiterkeit und Ernst,*
> *Trauer und Freude,*

Verzweiflung und Hoffnung,
Hass und Liebe.
All das in einem einzigen untrennbar miteinander
verknüpften Gewebe,
dass man zugleich lachen und weinen wollte über die
Schönheit dieser Musik.

Hier wird auf wunderbare Weise das Leben, das Sosein, das Göttliche oder die „Leere", wie Zen sagt, beschrieben als ein „untrennbar miteinander verknüpftes Gewebe". Es ist unsere Haltung gegenüber diesem Sosein, auf die es ankommt. Können wir das Leben in seinem Sosein würdigen? Können wir begreifen, dass wir integraler Bestandteil dieses Soseins sind, dass wir untrennbar mir dem nahtlosen Gewand des Seins verwoben sind, ja, dass wir selbst das Leben sind? Wenn wir das erfahren, sind wir so offen, dass gleichzeitig Heiterkeit und Ernst, Trauer und Freude, Verzweiflung und Hoffnung, Hass und Liebe und eben auch Gut und Schlecht ihren Platz finden.

Eine solche Erfahrung lädt im persönlichen Bereich ein, sich mit neugierigem Interesse dem Leben zuzuwenden, sich für alle Wesensanteile zu interessieren, ein Fest zu veranstalten, zu dem Licht und Schatten, Freund und Feind, wirklich alle eingeladen sind. Dann kann zwischen allen Wesensteilen ein angeregtes Gespräch stattfinden: „Hallo, Geiz, wie interessant, dich zu treffen, erzähl mir von dir! Ah, Großzügigkeit, schön, dass du auch da bist!" Was für ein pralles Sein, „dass man zugleich lachen und weinen wollte von der Schönheit dieser Musik"! Wie erleichtert fühlte sich neulich ein Klient, als er sich zugestand, gleichzeitig hassen und lieben zu können. Wie lebendig fühlte er sich, als er erfuhr, dass der Hass letztendlich seiner Sehnsucht nach Verbundenheit entsprang. Er hatte sich auf diese Weise mit der vormals abgespaltenen Lebenskraft vertraut gemacht und sie sich somit wieder angeeignet.

Wenn wir diesen Weg gehen, wird er uns direkt zu unserem tiefsten Schmerz führen: zu unserer Einsamkeit, unserer schmerzlichen Erfahrung, getrennt zu sein. Wenn es uns gelingt, dies mit Interesse und Vertrauen zu erforschen, so werden wir, wie durch Schalen, zu unserem Wesenskern gelangen. Auf diesem Weg werden wir nach meiner Erfahrung zunächst der Kontrolle begegnen. Sie suggeriert uns, das Leben „im Griff" zu haben, und führt uns, wenn wir sie ganz durchdrungen haben, zur Angst. Um ihr zu begegnen, brauchen wir Mut, Entschlossenheit und vor allem den richtigen Abstand. Löst sich die Angst auf, so erscheint die Trauer. Gegenüber der Trauer brauchen wir die Klarheit und Stärke, auch durch Tränen hindurch genau zu sehen. Gelingt das, so tauchen wir in tiefe Stille ein. Sie trägt uns. Hier existieren zwar weiterhin Gedanken und Gefühle, aber sie sind alle an ihrem Platz und beunruhigen uns nicht mehr. Immer wieder geschieht es dann, dass wir jenseits dieser Stille plötzlich uns selbst begegnen, dann aber nicht mehr als ein vom Leben getrenntes Wesen, sondern als das Leben selbst, als das Leben in seiner ganzen erschütternden Unbegreiflichkeit. An dieser Stelle gibt es nur noch berührtes Staunen und tiefe Ehrfurcht vor dem Sosein.

Verantwortung übernehmen

Diese Erfahrung verändert unsere Einstellung gegenüber der Welt radikal. Wer einmal diese Ehrfurcht vor dem Leben erfahren hat, der hat seine Unschuld verloren und ist erwachsen geworden. Es gibt keinen Weg mehr zurück. So wie der kleine Prinz bei Saint-Exupéry sich mit dem Fuchs „vertraut machte" und damit für ihn verantwortlich wurde, so ist auch die Achtsamkeit ein Weg, sich mit dem Leben vertraut zu machen und für dieses verantwortlich zu werden. Wir bekommen Verantwortung übertragen, nicht nur für unser eigenes Leben und das unserer Mitmenschen, sondern als „spirituelle Unruhestifter" auch für die von uns schon zu lange geschundene Erde.

Arthur Koestler benutzte in seiner Beschreibung der Welt das Bild vom „Holon". Ein Holon ist immer Ganzes und gleichzeitig Teil von etwas Größerem. In diesem Sinne sind wir als denkende und fühlende Individuen immer auch Teil der Erde und schneiden uns mit deren rücksichtsloser Ausbeutung im wahrsten Sinne des Wortes ins eigene Fleisch. Joanna Macy beschreibt in ihren zukunftsweisenden Studien zur „Tiefenökologie" verschiedene menschliche Haltungen gegenüber der Welt: Aus der Perspektive der Getrenntheit ist die Welt für uns Schlachtfeld (der egoistische Kampf um Rohstoffe) oder Falle (wir müssen uns von den Niederungen befreien, um zu einer himmlischen Wirklichkeit zu gelangen). Aus der Perspektive der Verbundenheit aber wird die Welt als Geliebte oder (mit ihr verschmolzen) als Selbst erlebt.

Heute stehen wir an einer entscheidenden Wende, oder wie Karl Rahner sagte:

„Der Fromme von morgen wird ein Mystiker sein, einer, der etwas erfahren hat, oder er wird nicht mehr sein." Und das gilt für die gesamte Menschheit: Entweder wir erfahren die Verbundenheit mit allen Völkern, den zukünftigen Generationen und unserem Planeten, oder wir werden bald nicht mehr sein.

Den inneren Weg des Menschen, der sich für das Leben einsetzt, beschreibt Joanna Macy in ihrem Buch *Geliebte Erde, gereiftes Selbst* als Spirale, in der sich folgende vier Schritte wiederholen:

1. Sich öffnen in Dankbarkeit.
2. Den eigenen Schmerz für die Welt annehmen.
3. Die Welt mit neuen Augen sehen.
4. Ins Handeln gehen.

Diese Schritte entsprechen vollkommen den vier Schritten, die ich weiter oben für den Umgang mit persönlichen Irritationen vorgeschlagen habe: Die Dankbarkeit führt die Aufmerksamkeit aus dem Mangel heraus und hin zu dem, was ich habe. Das gibt mir die Kraft zum Durchschreiten des Schmerzes und lässt mich die Welt mit anderen Augen sehen. So kann mein Handeln zu einer echten Antwort auf die Herausforderungen werden. Nur eine ganzheitliche Perspektive, eine Perspektive als Menschheit, als Teil des lebendigen Organismus Erde, ja als einmaliger Ausdruck des Lebens selbst kann zu Lösungen führen.

Immer mehr Menschen stellen sich dieser Verantwortung, sei es durch eine Qualität von Redlichkeit gegenüber ihrem eigenen Erleben, sei es durch eine achtsame und akzeptierende Haltung gegenüber ihren Mitmenschen, sei es in Verbundenheit mit dem Leben auf diesem Planeten. In diesem Sinne ist der Weg der Meditation nicht eine abgehobene Praxis, die als Sahnehäubchen unseren Alltag veredeln kann, der spirituelle Weg ist immer auch Spiritualität in Beziehung und damit Alltag. Dies machen die Worte von Sylvia Ostertag deutlich:

> Die alten Meister sagen: „Alltag ist der Weg."
> Manche Menschen verstehen das so,
> dass man auch im Alltag seinen inneren Übungsweg verfolgen
> sollte.
> Das sagen die alten Meister aber nicht.
> Sie sagen: „Alltag IST der Weg."
> Wie kann man dann fürchten, der Alltag könnte einen vom
> Weg abbringen?
> Alltag selbst ist der Weg. Dieser, mein Alltags-Augenblick, er
> allein ist der Weg.

Achtsamkeit in der Partnerschaft

Von Hans Jellouschek

Was man unter Achtsamkeit versteht[1]

Achtsamkeit wird in der Fachliteratur u. a. wie folgt beschrieben: „Achtsamkeit ist ein Prozess, bei dem die Aufmerksamkeit nicht-wertend auf den gegenwärtigen Augenblick gerichtet ist. Sie nimmt wahr, was ist, nicht was sein soll. Das heißt: Sie ist einerseits nüchtern, real, desillusionierend, andererseits annehmend, integrierend"[2]. Dieser „Prozess" als tägliche Übung wird im Buddhismus praktiziert, und man fragt sich, warum er seit einiger Zeit in allen möglichen Zusammenhängen und ganz unabhängig von Religion oder Spiritualität bei uns auftaucht.

Die Achtsamkeitsübung ist als therapeutische und „psychohygienische" Methode zur Stressbewältigung vor allem durch den amerikanischen Arzt Jon Kabat-Zinn bekannt geworden und wird in Deutschland vor allem in der so genannten Achtsamkeitstherapie angewendet.

Ist daraus auch irgendetwas für das tägliche Zusammenleben in einer Paarbeziehung zu gewinnen? Wenn ich die einzelnen Teile der zitierten Definition herausgreife, wird dies jedem unmittelbar einleuchten: Denn Achtsamkeit ist

- Aufmerksamkeit auf den gegenwärtigen Augenblick („hier und jetzt"), nicht Haften-Bleiben in Vergangenheit oder Zukunft („dort und dann");
- sie ist realistische Wahrnehmung dessen, was tatsächlich ist, und nicht dessen, was „sein soll" – einerseits, und andererseits ist sie
- nicht „zynischer" Realismus, sondern annehmend, integrierend, also eine positive Grundhaltung gegenüber dieser Realität.

Was dies im Einzelnen heißt, werde ich im Folgenden deutlich machen. Im letzten Abschnitt will ich mich dann noch der Frage zuwenden, was denn das alles mit „Spiritualität" zu tun haben soll.

Wofür Achtsamkeit in der Paarbeziehung nützlich ist

Ich bringe das Beispiel von Doris und Frank, einem Paar Anfang vierzig, zwei Kinder, beide berufstätig. Sie haben Karten für ein Konzert am heutigen Abend, auf das sie sich schon sehr freuen. Sie treffen sich zuhause, sie kommt von ihrer Mutter, der sie die Kinder zur Betreuung gebracht hat, sie sind ein wenig unter Druck, weil es schon recht spät ist. Da sagt Frank zu Doris: „Du, wo sind denn meine schwarzen Schuhe? Hast du die irgendwo gesehen?" Darauf Doris ärgerlich: „Bin ich deine Mutter!? Schau doch selber nach deinen Sachen!" Das wirft einen Schatten auf die Vorfreude, denn auch Frank reagiert – innerlich oder auch nach außen: „Mein Gott, bist du empfindlich! Man wird doch noch was fragen dürfen!" Vielleicht ist das der Anfang eines unschönen Ende dieses gemeinsamen Abends.

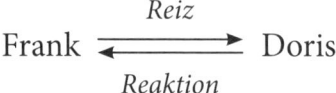

Abb. 1. „Reiz" von Frank und „Reaktion" von Doris

Schauen wir genauer hin, was da passiert! Franks „harmlose" Frage kommt bei Doris gar nicht harmlos an. Warum reagiert sie auf seinen „Reiz" in ihrer „Reaktion" so sauer? Es kommt ihr innerlich vielleicht alles Mögliche „dazwischen", was wohl nichts mit dem „Hier und Jetzt" zu tun hat. Denn *hier und jetzt* stellt Frank tatsächlich nur eine Frage! Äußere *Realität* ist nur diese Frage. Bliebe sie also in der Gegenwart bei dieser Realität, könnte sie ja auch nüchtern antworten „Nein, ich weiß es nicht!" Neben der äußeren Realität gibt es also wohl noch eine innere Realität, eine innere Reaktion bei Doris, die ihre gereizte Reaktion verständlich macht: Die Frage des Partners löst in ihr offensichtlich Gefühle, Erinnerungen, Handlungsimpulse aus, die mit dem äußeren Reiz, den Frank „sendet", unmittelbar nichts zu tun haben. Gefühle: Ärger! Erinnerungen: zum Beispiel „Schon wieder soll ich für ihn ..." Handlungsimpulse: „Am liebsten würde ich jetzt ..." Auf diese inneren Reaktionen folgt dann die ärgerliche äußere Reaktion: „Bin ich deine Mutter!? ..." Wenn wir dies grafisch darstellen, müsste das demnach etwa so aussehen:

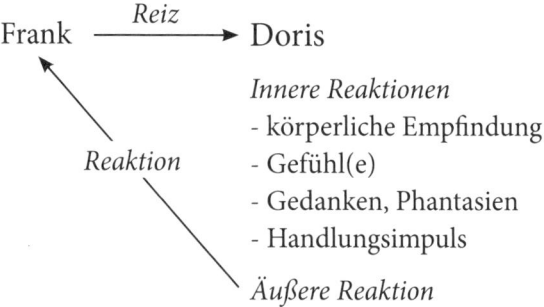

Abb.2. „Innere" und „äußere" Reaktion von Doris auf Franks Reiz

Würde sich Doris nicht von ihren inneren Reaktionen überrumpeln lassen, sondern im „Hier und Jetzt" und bei der tatsächlichen Realität (erstes und zweites Element der Beschreibung oben) bleiben, bekäme sie Spielraum, äußerlich so darauf zu reagieren, dass der Abend wahrscheinlich weniger gefährdet wäre. Warum das in einer solchen Situation recht schwierig ist, werde ich weiter unten noch erläutern. Zunächst ist wichtig, festzuhalten: *Wir haben immer „vor" unseren äußeren Reaktionen auf unser Gegenüber eigene innere Reaktionen,* die von Einflüssen aus Vergangenheit oder Zukunft bestimmt sind und sich in uns abspielen und oft unser äußeres Verhalten, unsere äußeren Reaktionen steuern, ohne dass es uns ganz bewusst ist, und durch die wir oft einen Dialog, oft auch die ganze Beziehung beeinträchtigen, weil sie beim Partner ebenfalls negative Reaktionen hervorrufen, und daraus kommen „Teufelskreise" in Gang, die immer schwerer zu durchbrechen sind und dadurch der ganzen Beziehung schaden.

Durch Achtsamkeit, also Aufmerken auf das Hier und Jetzt, durch Spüren, was unsere inneren Reaktionen sind, würden wir eine größere Freiheit in der Wahl unserer äußeren Reaktion auf den anderen gewinnen, *könnten wir wählen,* was und wie wir auf den Anderen im Hier und Jetzt reagieren. Achtsamkeit könnte Doris also – wenn wir vorübergehend nur sie im Blick haben – zu einer äußeren Reaktion veranlassen, die eine bessere Chance hätte, den gemeinsamen Abend gelingen zu lassen, auf den sich ja beide so gefreut haben. Hier kommt auch das dritte Element der oben gegebenen Beschreibung von Achtsamkeit ins Spiel, der positiven Einstellung zur Realität: Wenn sie sich und ihre eigenen Interessen (der schöne gemeinsame Abend im Konzert) nicht in diesem Moment vergessen würde, wenn sie diese ebenfalls als eine Realität wohlwollend sehen und akzeptieren würde, könnte sie anders, jedenfalls neutraler und „ungefährlicher" auf Franks Frage reagieren.

Somit wird deutlich: Wenn wir Achtsamkeit üben, können wir – durchaus auch im eigenen Interesse, aber auch im gemeinsamen Interesse und unter Beachtung der gegebenen Gesamtsituation – viele unnötige Konflikte in der Beziehung zum Partner vermeiden und das Ganze in eine positivere Richtung lenken. Warum tun wir das so oft nicht? Warum treffen wir nicht häufiger diese hilfreiche Unterscheidung zwischen „äußerer" und „innerer Reaktion", die uns mehr Wahlfreiheit in unseren Reaktionen geben würde? Gegenüber dem eigenen Partner scheint das sogar besonders schwer zu sein, schwerer als bei anderen, uns weniger nahestehenden Menschen. Warum eigentlich? Dieser Frage wollen wir im Folgenden nachgehen und zugleich die Frage beantworten, was dazu beitragen kann, hier trotzdem Achtsamkeit zu üben.

Was Achtsamkeit in der Partner-Beziehung so schwierig macht und was helfen kann, sie zu üben

In unserem Zusammenhang kann ich das Folgende nur sehr knapp halten. Wer es ausführlicher haben will, der sei auf mein Buch zu diesem Thema verwiesen.[3]

Zunächst einmal und als Erstes: *Die unterschiedlichen „Welten"*, aus denen wir gerade kommen, machen es uns oft schwer. In unserem Beispiel: Frank kommt gerade aus seinem Betrieb nach Hause. Was dort heute geschehen ist, die Intrigen seiner Kollegen, der Druck des Vorgesetzten – das alles beschäftigt ihn noch sehr. Deshalb schaut er gar nicht richtig nach seinen Schuhen und stellt seine Frage ziemlich „gedankenlos" an Doris. Und Doris war gerade mit den Kindern bei ihrer Mutter, und sie ist dort ebenfalls unter Druck gekommen, weil sie zu spät aus ihrem Betrieb herauskam und ihre Mutter ihr bei der „Abgabe" der Kinder auch noch Vorwürfe gemacht hat und die Kinder unbedingt wieder mit nach Hause wollten. In dieser Situation trifft der „Reiz" der Frage von Frank auf sie, und unter der Last ihrer inneren Reaktionen folgt ihre unangemessene äußere Reaktion auf Frank.

Partner leben heutzutage meist für den Großteil des Tages an verschiedenen Orten und Arbeitsplätzen und sind deshalb auch Teil von „sozialen Systemen", die nichts oder wenig mit ihrem „Familien- und Paar-System" zu tun haben und sie dennoch – manchmal auch sehr existenziell – beschäftigen. So treffen bei diesem Paar der beruflich unter Druck stehende Frank und die familiär unter Druck stehende Doris aufeinander – und so ist es nur zu verständlich, dass es ihnen nicht gelingt, bei ihrem Zusammentreffen tatsächlich realistisch und wohlwollend „im Hier und Jetzt" zu sein, sondern beide innerlich noch vom „Dort" und „Vorher" bestimmt sind – und schon erhebt ein Konflikt das hässliche Haupt und droht, ihnen den schönen Abend zu verderben. Wenn wir uns das vor Augen führen, können wir es wahrscheinlich für viele Situationen in unserer Paarbeziehung sehr gut nachvollziehen.

Achtsam mit unserem Zusammentreffen umzugehen würde also sehr oft auch heißen: Beide machen wir uns bewusst, wovon wir innerlich „von vorher" noch bestimmt sind, und beide nehmen wir uns in Acht, im Moment unseres Kontakts davon nicht überrumpelt zu werden.

Aber das ist nicht alles. Ein Weiteres, das Achtsamkeit schwermacht, ist ebenfalls von großer Bedeutung: *unsere gelernten Konfliktmuster*. Was ist damit gemeint? Wenn wir genauer auf unsere häufigeren Konflikte hinschauen, stellen wir fest, dass sie nach einem ähnlichen „Muster" ablaufen. In unserem Beispiel: Frank lässt sich gern von Doris versorgen. Doris will das nicht, jedenfalls seit einiger Zeit nicht mehr. Immer wenn Frank eine Frage oder sonst ein Ansinnen an sie heranträgt, aus dem eine Andeutung in dieser Richtung zu entnehmen ist

(„Wo sind meine schwarzen Schuhe?"), reagiert sie heftig, und oft kommt es deshalb zum Krach.

Wir sprechen in diesem Zusammenhang deshalb von „gewohnten" oder „gelernten Konfliktmustern". Wie in einem Strickmuster wiederholen sie sich, und deshalb denken die beiden, die hier „stricken", schon gar nicht mehr daran, wie sie das anstellen, und plötzlich „passiert es" wieder zwischen ihnen. Dadurch aber entsteht – oft ganz gegen das bewusste Wollen des Paares – ein *Lernprozess*. Durch die Wiederholung trainieren sie regelrecht diesen Vorgang: Er appelliert, auch oft ohne es ausdrücklich zu wollen, an ihre Fürsorge, und sie reagiert darauf immer wieder sehr gereizt, auch schon fast gewohnheitsmäßig – und schon kann daraus eine endlose Konfliktspirale entstehen. Daher kommen sie aus dieser schwer wiederheraus, auch wenn sie es sich schon oft vorgenommen haben: Ich will das nicht mehr, ich will anders „agieren" oder „re-agieren". Meinen Lesern mag das recht bekannt vorkommen!

Jedenfalls ist dies einer der Gründe, warum Achtsamkeit, gerade in „kritischen" Situationen wie bei Doris und Frank, ein richtiges „Anti-Training" braucht, einen neuen Lernprozess, der aus dem gelernten und bisher praktizierten Muster herausführt. Und dies bedarf vor allem eines hohen Maßes an „Bewusstheit", die immer wieder aktiviert werden muss – und zwar von beiden Partnern, denn wenn nur einer dies tut, wird es auf die Dauer für ihn zu schwierig.

Achtsamkeit zu üben würde also auch bedeuten: Wir machen uns als Partner „unser gewohntes Konfliktmuster" bewusst. Sehr hilfreich dafür kann es sein, dies im Dialog gemeinsam zu tun, denn jeder hat seine Beobachtungen gemacht, die dafür hilfreich sind. Solche „Meta-Kommunikation", das heißt Kommunikation „über" konflikthafte Kommunikationsmuster, sollte freilich in gerade konfliktfreien, beruhigten Räumen stattfinden – nicht zu kurz nach der letzten Auseinandersetzung, weil man sonst zu wenig Abstand für ein solches Gespräch hat.

Schließlich, *als Letztes* in diesem Zusammenhang, spielt für die Schwierigkeit, Achtsamkeit zu üben und beizubehalten, auch noch ein weiteres Element eine wesentlich Rolle: *Unser beider Vergangenheiten* oder auch *unser beider „verletzte innere Kinder"*. Wieder am Beispiel von Frank und Doris: Warum gerät Frank so leicht ins „Sich-versorgen-Lassen"? Und warum reagiert Doris darauf meist und schon bei jedem Anzeichen dafür so heftig? Das hat bei beiden mit der Vergangenheit zu tun, *als sie noch Kinder in ihren Herkunftsfamilien* waren: Doris hat zuhause, vor allem am Modell ihrer Mutter, gut gelernt, „für andere zu sorgen". Und heute reibt sie sich geradezu auf mit Partner, Familie, Hauhalt und Beruf, den sie ja „auch noch" hat und den sie liebt. Das ist ihr bewusst geworden, als sie an einer Selbsterfahrungsgruppe für Frauen teilnahm, in der solche Muster besprochen wurden. Da hat sie beschlossen, radikal damit aufzuhören und auch von Frank zu erwarten, dass er für sich und die anderen etwas mehr an Fürsorge übernimmt. Sie spürt also ihr „verletztes inneres Kind" und hat beschlossen, sich um dessen, also ihre eigenen Wunden zu kümmern und nicht mehr nur „zu funktionieren", wie sie es zuhause gelernt hat. Frank dagegen ist in einer Familie aufgewachsen, in der nur Leistung etwas galt. Er hat es deshalb wirklich genossen, in Doris eine Frau zu finden, die ihm am Anfang alles abnahm, sodass er ganz frei war für die Über-Ansprüche an sich selbst in seinem Beruf. Aber inzwischen ist seine berufliche Stellung prekär geworden und darum sein Bedürfnis nach Versorgung zuhause noch stärker. Daraus entstehen dann so „acht-lose" Fragen wie die nach seinen Schuhen. Und sie treffen genau in die Wunde seiner Partnerin – darum kommt bei jeder leisen

Andeutung in Richtung „andere versorgen" ihre gereizte Reaktion („Bin ich deine Mutter?! Schau doch selbst …").

Das Steuer in der Situation vor dem Konzertabend übernehmen also hier jeweils die „verletzten inneren Kinder" der beiden – und das verstärkt in solchen und ähnlichen Situationen das Konfliktrisiko zwischen den beiden. Kommt Ihnen das ebenfalls – wahrscheinlich in Varianten und mit anderen Themen – bekannt vor?

Achtsamkeit bedeutet also auch oft: Wir achten bei uns selbst und beim Partner auf die Narben und schlecht verheilten Wunden, die jeder aus seiner Kindheit mitbringt. Denn gerade in brisanten Situationen – wenn die Zeit drängt, wenn man aus sehr unterschiedlichen Orten und Konstellationen kommt und wenn zudem noch ein „gelerntes Konfliktmuster" berührt wird wie in unserem Fall – kann es da sehr weh tun, mit den erwähnten Folgen für die Beziehung zum Partner.

Freilich muss man die eigene Geschichte und die des Partners ein wenig kennen und deshalb Mitgefühl mit dem eigenen inneren Kind und dem des Partners entwickeln, damit man weniger leicht in die Konflikt-Falle geht. Hier wird wieder aktuell, was wir oben „wohlwollende Einstellung zur gegebenen Realität" als Element von Achtsamkeit genannt haben: Ebenfalls zu unserer Realität im Hier und Jetzt gehören ja auch die Nachwirkungen unserer Familiengeschichten, und je besser wir die kennengelernt haben, vielleicht durch eine Therapie und/oder ebenfalls durch gemeinsame Gespräche mit dem anderen, desto leichter wird es, diese mitfühlend mit einzubeziehen.

Wir haben also gesehen: Zum achtsamen Umgang, also zum gelassenen, realistischen, wohlwollenden Umgang miteinander, müssen wir auch (und zwar einmal mehr das eine, dann wieder das andere oder schließlich alles zusammen) auf die

Situation achten, aus der ich komme und aus der mein Partner kommt; auf unsere gewohnten und gelernten häufigen Konfliktmuster achten; auf die Wunden und Narben unserer Kindheit achten, die heute noch wirksam sind.

Das hilft meinem Partner und mir, zur Achtsamkeit im Hier und Jetzt zu gelangen, zum „Da-Sein" im gegenwärtigen Augenblick und damit zum Schutz und zur Erhaltung der Qualität unserer Beziehung.

Der Psychotherapeut Viktor Frankl zitiert einmal den alten spirituellen Lehrmeister Rumi und sagt knapp und prägnant zu unserem Thema: „Zwischen Reiz und Reaktion liegt die Freiheit!" Genauer müsste man sagen: Zwischen Reiz und *äußerer* Reaktion liegt die Freiheit! Denn unsere *inneren* – sicherlich oft „automatisch" aufsteigenden – Reaktionen *zwingen uns nicht* zum Handeln. In der Achtsamkeit bekommen wir Abstand dazu, nehmen wir eine „Beobachterposition" gegenüber unseren eigenen inneren Reaktionen ein, und dadurch erlangen wir die Freiheit, eine äußere Reaktion zu wählen, die wir bewusst wollen und die wir in der jeweiligen Situation für angemessen erachten.

Was außerdem noch helfen kann

Hier möchte ich – ebenfalls sehr knapp – zusätzlich auf drei weitere für die Achtsamkeit günstige Verhaltensweisen der Partner hinweisen: *Erstens* kann uns zur Achtsamkeit, vor allem in kritischen Situationen, auch noch helfen, wenn wir nicht nur auf die „negativen" Eigenschaften – unsere und die des Partners – schauen, sondern *auch die positiven Seiten* im Auge behalten. Neben dem, was uns ärgert, gibt es immer auch Dinge, die uns nach wie vor gefallen, auch wenn sie durch negative Erfahrungen in den Hintergrund getreten sein sollten. Ich empfehle darum des Öfteren Partnern, sich einmal am Tag oder einmal in der Woche zusammenzusetzen und dem jeweils anderen erfreuliche Dinge zu sagen, die einem in der letzten Zeit an ihm aufgefallen sind oder die nach wie vor vorhanden, aber dem Anderen nicht mehr mitgeteilt worden sind. Dies verstärkt die positiven Seiten und relativiert die kritischen, sodass es in brisanten Situationen leichter wird, Achtsamkeit zu bewahren.

Das *Zweite*: Es lohnt sich, Achtsamkeit mit sich selbst und *in „unkritischen" Situationen regelrecht zu „üben", zu trainieren*. Wir sind alle sehr häufig mit unseren Gedanken und Gefühlen irgendwo, aber nicht im „Hier und Jetzt". Ich fahre im Auto in den Betrieb. Statt mich mit dem zu beschäftigen, was zuhause war oder gleich im Betrieb sein wird, rufe ich meine Gedanken für einen Moment von dort zurück zum gegenwärtigen Moment, indem ich mich meine Hände am Lenkrad, mein Gewicht auf dem Sitz und die Haltung meines Oberkörpers spüren lasse. Dadurch bemerke ich nicht nur oft völlig verkrampfte Muskeln in meinem Körper und kann sie wohltuend entspannen, ich komme so auch überhaupt mehr „zu mir selbst" und gehe dadurch mit ganz anderer Gelassenheit und zugleich Konzentration an die Aufgaben, die mich gleich im Betrieb erwarten. Außerdem übe ich dadurch in einer nicht konflikthaften Situation schon ein wenig „Achtsamkeit" auch für konflikthafte Momente in der Paarbeziehung.

So gibt es im Alltag unzählige Gelegenheiten, Achtsamkeit zu trainieren, auch – und das ist *das Dritte* – direkt *im Hinblick auf den Partner*: Wenn ich am Morgen meinem Partner zum ersten Mal wach begegne, wenn ich mich von ihm verabschiede oder wieder heimkomme: läuft das lediglich schemen- und floskelhaft ab, oder bin ich hier „ganz dabei"? Es haben sich so viele Gewohnheiten eingespielt, darunter natürlich auch viele „gute" und nützliche Gewohnheiten. Aber die Gefahr besteht, dass sie „bloße" Gewohnheiten werden, schemenhaft und ohne den anderen wirklich zu *meinen*. Durch Achtsamkeit bekommen wir den Anderen wieder „als Anderen" in den Blick – und das tut der Beziehung meist sehr gut! Dabei sollten wir uns am Anfang nur wenige und ganz bestimmte Situationen aussuchen, in denen wir das üben, sonst überfordern wir unsere Aufmerksamkeit – und bald ist wieder alles beim Alten.

Als „begleitendes Achtsamkeitstraining" und als generelle Neubelebung der Paarbeziehung empfehle ich also den erneuerten Blick auf das Positive in der Beziehung und individuelles wie gemeinsames Üben von Achtsamkeit vor allem in konfliktfreien Alltagssituationen!

Was das alles mit Spiritualität zu tun hat

Was ich bisher ausgeführt habe, klingt nach allem anderen als nach Spiritualität. Es ist Partnerschaftspflege, es ist Bewusstheitstraining – aber Spiritualität? Es ist vielleicht auch noch Lebenskunst, eine Methode, sich das Leben leichter und sogar genussvoller zu machen – aber Spiritualität? Um das zu verstehen, wenden wir uns zum Schluss ganz kurz dem fernöstlichen Verständnis von Religion und Spiritualität zu, das bei uns auch im Westen immer größere Bedeutung bekommt.

Da ist *als Erstes* zu sagen: Das Gottesverständnis vor allem im Buddhismus, wie er auf seinen Begründer Shakjamuni Buddha zurückgeht, ist nicht personal, im Sinn von *Gott als von uns getrennt und „über" dem Menschen*. Das Göttliche ist hier und *in uns*. Es öffnet sich uns als „Leere", als nicht mehr Sag- und Begreifbares, nur Ahn- und Erfahrbares. Über das Göttliche gibt es keinen Lehrsatz, nur Metaphern, Symbole, Bilder. Was es ist, können wir nur *erfahren* – und dies freilich in sehr unterschiedlicher Weise und Intensität.

Eine wichtige Übung dafür ist die „gegenstandslose Meditation", wie sie u. a. in den buddhistischen Richtungen wie dem „Zen" (vgl. die Kapitel von C. Collande und P. Weber in diesem Band) oder im Westen in Mystik und Kontemplation geübt wurden und werden. Hier werden nicht Texte oder Bilder meditiert, jedenfalls nicht als zentrale Übung. Das Zentrale ist – *die Übung der Achtsamkeit* für das Hier und Jetzt – von Augenblick zu Augenblick! Das heißt, dass ich mich als Meditierender von dem, was mich an Gedanken, Impulsen und Gefühlen gefangen nehmen und „irgendwohin" tragen will, immer wieder distanziere und mich immer wieder auf das Hier und Jetzt und den gegenwärtigen Augenblick ausrichte. Allmählich oder auch sehr schnell kann der Meditierende dadurch mit der namenlosen, umfassenden „Leere" in allem und „hinter" allem, das sich dann öffnet, also in unserer Sprache mit dem „Göttlichen", in Kontakt kommen. Die höchste Intensität dieser Erfahrung wird im Osten „Erleuchtung" genannt, und sie erfüllt jeden, der sie erfahren hat, mit Glück und innerer Freude.

Aber Achtsamkeit wird *nicht nur* in der Meditation geübt. Achtsamkeit im Alltag, Achtsamkeit auch in unseren Beziehungen ist eine genauso wichtige Übung auf diesem Weg. Und wenn ich sie nicht auch und vor allem im Alltag übe, wird das gesamte „stumme Meditieren" wertlos. Denn es geht um „Wirklichkeit" und „Ganzheit". Wir sind Teil dieser Wirklichkeit, dieses Ganzen, das sich uns in allem zunächst als „Leere" zeigt, aber letztlich die Erfüllung auch unseres individuellen Lebens, unseres Beziehungslebens, aber auch des sozialen Lebens der menschlichen Gemeinschaft ist.

Im ganz gewöhnlichen Alltag, in der Achtsamkeit in „gewöhnlichen", „glücklichen" und „kritischen" Situationen, sind wir also auf dem Weg zu unserer Ganzheit, die uns, unsere Beziehungen und unser gesamtes Zusammenleben befriedigend und glücklich macht. Von einem buddhistischen Lehrer stammt das treffende Wort, das seine Antwort auf die Frage eines Herrschers war, der ihn nach dem Wesen seiner Religion fragte: „Offene Weite, nichts von heilig!"

Anhang

Literatur und Anmerkungen

Erotische Erfahrung und Spiritualität

Hans Jellouschek

Anmerkungen
1. Langer (1990), S. 7.
2. Schmidt / Stritzky (2004), S. 98.
3. Ebd., S.99; Hervorhebungen vom Autor.
4. Beck / Beck.Gernsheim (1990), S. 49.
5. Jellouschek (2003), S.131–147.
6. Rilke (1955), S. 482.
7. Jellouschek (2005), S. 214–221.
8. Jellouschek (1989), S.103, 171, 110.
9. Das Hohe Lied 7,1–14.
10. Epheser 5,25ff.
11. Offenbarung 21,2.
12. Jellouschek (2004b), S.165–180.

Literatur

Beck, Ulrich & Beck-Gernsheim, Elisabeth (1990): Das ganz normale Chaos der Liebe. Frankfurt a. M.: Suhrkamp.

Fremantle, Francesca & Chögyam Trungpa (1995): Das Totenbuch der Tibeter, 17.Aufl. München: Diederichs.

Jellouschek, Hans (2003): Die Kunst als Paar zu leben, 15.Aufl. Stuttgart: Kreuz.

Jellouschek, Hans (2004a): Wagnis Partnerschaft. Wie Liebe, Familie und Beruf zusammengehen. Freiburg u.a.: Herder.

Jellouschek, Hans (2004b): Liebe auf Dauer. Die Kunst, ein Paar zu bleiben. Stuttgart: Kreuz.

Jellouschek, Hans (2005): Wie Partnerschaft gelingt. Spielregeln der Liebe, 14. Aufl. Freiburg: Herder

Langer I. (1990): Familie im Wandel, in: Ztschr. Einblicke Nr. 2, Arbeitsstelle für Erwachsenenbildung der Evang. Kirche in Hessen und Nassau.

Rilke, Rainer Maria (1955): Liebeslied. In: Sämtliche Werke, Bd. 1, S. 482, Hrsg. vom Insel-Archiv, Wiesbaden: Insel.

Schmidt, Gunter & Stritzky, Johannes v. (2004): Beziehungsbiographien im sozialen Wandel. In: Familiendynamik, 29(2), S. 78–100.

Schubart, Walter (1989): Religion und Eros, München: C. H. Beck.

Die Liebe ist größer als das Paar

Katharina Ley

Anmerkungen
1. Schnarch (2006) hat mich zu diesem Beispiel inspiriert. Ich habe es auf meine Weise formuliert.
2. Freud hat diesen Satz, nicht Herr im eigenen Haus zu sein, zur Veranschaulichung der Kraft des Unbewussten verwendet.
3. Dieses Beispiel verdanke ich Marina Gambaroff (1990).
4. Schnarch ist nicht der einzige Paartherapeut, der die von ihm so bezeichnete selbstbestätigte Intimität als wichtiges Element gelingender Liebe beschreibt. Er tut es nach meiner Ansicht auf eine besonders eindrückliche Art mit vielen Beispielen von mutigen Paaren.
5. Gibran (2002).
6. Schnarch (2006), S. 461.

7. Vgl. Li & Krautwald (2010).
8. Naikan ist eine auch in Europa angebotene, aus Japan stammende Methode der inneren Selbstprüfung.
9. Vgl. dazu Behrendt (2010) und Ley (2005).
10. Vgl. Jellouschek (2006). Meines Erachtens liegt bei Jellouschek der Schnarch'sche Begriff der Differenzierung sehr nahe.
11. Vgl. Wilber (1996), S. 566.
12. Kabat-Zinn (1998), S. 222.

Literatur

Behrendt, Joachim-Ernst (2010): Kraft aus der Stille. Vom Wachsen des Bewusstseins. München: Knaur.

Gambaroff, Marina (1990): Sag mir, wie sehr du mich liebst. Reinbek bei Hamburg: Rowohlt.

Gibran, Khalil (2002): Der Prophet. Freiburg: Herder.

Jellouschek, Hans (2006): Ich liebe dich, weil ich dich brauche. Der Froschkönig. Stuttgart: Kreuz.

Kabat-Zinn, Jon (1998): Im Alltag Ruhe finden. Das umfassende Meditationsprogramm (Wherever You Go, there You Are). Freiburg: Herder.

Ley, Katharina (2005): Versöhnung mit den Eltern. Wie innere Freiheit entsteht. Düsseldorf: Walter bei Patmos.

Ley, Katharina (2007): Komm zu dir, dann kommst du weiter. Es ist nie zu spät, sich selbst zu lieben. Freiburg: Herder.

Ley, Katharina (2008): Die Kunst des guten Beendens. Wie große Veränderungen gelingen. Stuttgart: Kreuz.

Ley, Katharina & Borer, Christine (1992): Und sie paaren sich wieder. Über Fortsetzungsfamilien. Tübingen: edition diskord.

Li, Christine & Krautwald, Ulja (2010): Der Weg der Kaiserin. Wie Frauen die alten chinesischen Geheimnisse weiblicher Lust und Macht entdecken. Frankfurt a. M.: Fischer.

Schnarch, David (2006): Die Psychologie sexueller Leidenschaft. Stuttgart: Klett-Cotta.

Wilber, Ken (1996): Eros, Kosmos, Logos. Eine Vision an der Schwelle zum nächsten Jahrtausend. Frankfurt a. M.: Krüger.

Einander „erlösen" – wie im Märchen?

Ingrid Riedel

Anmerkungen

1. Fried, Erich (1996): Es ist, was es ist. Liebesgedichte, Angstgedichte, Zorngedichte. Berlin: Wagenbach.
2. Lemaire, Ton (1975): Die Zärtlichkeit. Gedanken über die Liebe. Düsseldorf: Patmos, S. 126.
3. Frisch, Max (1950) Mein Tagebuch 1946–49. Frankfurt: Suhrkamp, S. 33.
4. Einzelne Passagen des Beitrags sind den vergriffenen Veröffentlichungen von Ingrid Riedel, „Liebe, die verwandelt" Freiburg 2000 und „Gelebte Spiritualität", Düsseldorf 2007 entnommen.

Magische Momente zwischen Männern und Frauen

Ang Lee und Theodor Seifert

1. Rilke, Rainer Maria (1994): Wie soll ich meine Seele halten. Frankfurt a. M., Leipzig: Insel-Verlag, S. 7.
2. Kerényi, Karl (1966): Humanistische Seelenforschung. Wiesbaden: VMA-Verlag, S. 302.
3. Buschey, Monika (2009): Ich bin nichts ohne dich. Düsseldorf: Artemis & Winkler, S. 208.

4. Welsch, Ursula & Wiesner, Michaela: Lou Andreas-Salomé. München, Wien: VIP.
5. Rilke, Rainer Maria (wie Anm. 1), S. 22 und 55.
6. Buschey, Monika (wie Anm. 3), S. 103.
7. Jung, Carl Gustaf (1972): Briefe, Bd. I, Olten: Walter-Verlag, S. 102.

Die Vereinigung der Sinne

Michael Cöllen

Anmerkungen
1. Cöllen (1997).
2. Cöllen (2003).

Literatur
Binswanger, Ludwig (1962): Grundformen und Erkenntnis menschlichen Daseins. München: Reinhardt.
Cöllen, Michael (2003): Lieben, Streiten und Versöhnen – Übungen & Rituale für Paare. Stuttgart: Kreuz.
Cöllen, Michael (2005): Liebe Deinen Partner wie Dich selbst – Wege für Paare aus narzisstischer Krise. Gütersloh: gtvh.
Cöllen, Michael (2009): Das Verzeihen in der Liebe. Wie Paare neue Nähe finden. Stuttgart: Kreuz Verlag.
Ficino, Marcilio (1994): Über die Liebe oder Platons Gastmahl (1469). Übersetzt v. K. P. Hasse, hrsg. v. R. Blum. Hamburg: Felix Meiner Verlag.
Thirleby, A. (1978): Das Tantra der Liebe. München: Scherz
Tsuno, T. (1974): Gelöstes Haar. Hrsg. v. M. Hausmann. Zürich: Arche.

Symbole verbinden

Margarete Leibig

Literatur
Müller, Lutz & Anette (2003): Wörterbuch der Analytischen Psychologie. Düsseldorf: Walter-Verlag.
Müller, Lutz & Knoll, Dieter (2007): Ins Innere der Dinge schauen. Düsseldorf: Patmos Verlag.
Riedel, Ingrid (2010): Mystik des Herzens. Freiburg i. Br.: Kreuz-Verlag.

Trennung als spirituelle Erfahrung

Hans Jellouschek

1. Jellouschek, Hans (2007): Wie Partnerschaft gelingt. Freiburg: Herder.
2. Jellouschek, Hans (2010): Trotzdem leben! Wenn ein Partner Krebs hat. Freiburg: Herder.
3. Rilke, Rainer Maria (1995): Sämtliche Werke, Bd 1, Frankfurt: Insel. S. 518f.

Achtsamkeit in der Partnerschaft

Hans Jellouschek

1. Vgl. zum ganzen Beitrag das Buch
   Jellouschek, Hans (2011): Achtsamkeit in der Partnerschaft. Was dem Zusammenleben Tiefe gibt. Freiburg: Herder.

2. Andersen, Ulrike (2007, Hg.): Achtsamkeit in Psychotherapie und Psychosomatik. Haltung und Methode. Stuttgart: Schattauer, S. 1.
3. Jellouschek, Hans (2011).

Weitere Literatur zum Thema Achtsamkeit
Weiss, Halko / Harrer, Michael / E., Dietz, / Thomas (2010): Das Achtsamkeitsbuch. Stuttgart: Klett-Cotta.

Kurzbiographien
der Autoren

Hans Jellouschek,

Jg. 1939, verheiratet, zwei erwachsene Töchter. Dr. theol., Mag. phil., Lehrtherapeut für Transaktionsanalyse und systemisch-integrative Paartherapie, vor allem in der Fortbildung von Paartherapeuten tätig. Autor zahlreicher Bücher über Paar-Themen. Seit Jahren Meditationspraxis bei Willigis Jäger.

Katharina Ley,

Dr. phil., Psychoanalytikerin, Soziologin, Autorin, Referentin an den Lindauer Psychotherapietagen. Langjährige Forschungs- und Publikationstätigkeit. Eigene Praxis in Bern/Schweiz. Publizierte zu Frauenbiographien, Familien und Fortsetzungsfamilien, Geschwister, Die Kunst des guten Beendens, u.a.

Ingrid Riedel,

Dr. phil., Dr. theol. Ist Lehranalytikerin und Supervisorin an den C. G. Jung-Instituten in Zürich und in Stuttgart. Langjährige Studienleiterin der Ev. Akademie Hofgeismar. Honorarprofessorin der Universität Frankfurt/Main. Langjährige wissenschaftliche Leiterin der Internationalen Gesellschaft für Tiefenpsychologie. Sie ist Autorin zahlreicher Veröffentlichungen zu Lebensfragen und zu Psychologie und Symbolik wichtiger Lebenszusammenhänge.

Ang Lee Seifert,

geb. 1938, arbeitet als Klinische Transaktionsanalytikerin in eigener Praxis. Sie ist Autorin mehrerer Bücher:
www.asibrd.com

Dipl. Psych. Dr. Theodor Seifert,

geb. 1931, langjährige leitende Mitarbeit in der Psychotherapeutischen Klinik, Stuttgart, und den Lindauer Psychotherapiewochen. Derzeit ist er in eigener Praxis als Psychoanalytiker, Lehr- und Kontrollanalytiker des C. G. Jung-Instituts, Stuttgart, tätig. Autor und Herausgeber von Buchreihen:
www.asibrd.com

Michael Cöllen,

Dipl.-Psych., Psych.Psychoth., Paartherapeut, Sexualtherapeut – Entwicklung der Dyadischen Anthropologie und Psychologie des Paares mit paartherapeutischem Verfahren als PAARSYNTHESE. Mitautor der NDR-Fernsehreihe „Ich und Du" für Partnerprobleme. Mitbegründer und Lehrtherapeut der Deutschen Gesellschaft für Integrative Paartherapie und Paarsynthese (GIPP) Hamburg.

Margarete Leibig,

Ammerbuch, niedergelassen in freier Praxis als Analytische Kinder- und Jugendlichenpsychotherapeutin, Paartherapie, Dozentin und Supervisorin am C. G. Jung-Institut Stuttgart. Mitarbeit im Redaktionsteam der Zeitschrift „JungJournal" Forum für Analytische Psychologie und Lebenskultur.

Paula Weber,

Dipl.Soz.päd., Jhg. 1951, verheiratet, zwei Kinder
Paartherapeutin, Lehrbeauftragte am Fritz-Perls-Institut und
dem Institut für Gestalttherapie Würzburg sowie Meditations-
lehrerin nach der Praxis des Zen.

Dr. Cornelius von Collande

ist klinischer Gestalt- und Trauma-Therapeut.
Lehrer für „Stressbewältigung durch Achtsamkeit" (MBSR)
und „Achtsamkeitsbasierte kognitive Therapie" (MBCT).
Meditationslehrer nach der Praxis des Zen, eigene psycho-
therapeutische Praxis in Würzburg.